AF223166

Jonas F. Calder

PROMPT MICH!

Der erste Guide für KI-Einsteiger

Mit über 100 Beispielen für dein Leben

ISBN: 978-3-8192-9878-3
Gestaltung & Satz: Jonas F. Calder
Verlag: BoD · Books on Demand GmbH, Überseering 33, 22297 Hamburg, bod@bod.de
Druck: Libri Plureos GmbH, Friedensallee 273, 22763 Hamburg
Dieses Buch wurde mit größter Sorgfalt erstellt. Dennoch übernehmen Autor und Verlag keine Haftung für etwaige Fehler oder mögliche Folgen aus der Anwendung der im Buch vorgestellten Inhalte.

Inhalt

Einleitung – Warum dieses Buch?

Du hältst kein Technik-Handbuch in den Händen. Kein Buzzword-Feuerwerk. Und ganz sicher keinen dieser komplizierten Experten-Guides, bei denen man schon auf Seite 3 das Gefühl hat, man müsste erst Informatik studieren, um mitzukommen.

Dieses Buch ist anders. Es ist für dich.

*Für dich, der oder die gerade überlegt, ob Künstliche Intelligenz nicht vielleicht doch nur ein Hype ist. Oder für dich, der das Gefühl hat, **ständig etwas zu verpassen**, wenn wieder alle über ChatGPT reden – nur du weißt nicht so richtig, wie man das eigentlich nutzt.*

Vielleicht hast du dich auch schon mal gefragt:

- *„Was kann ich mit so einem KI-Tool eigentlich wirklich anfangen?"*
- *„Bin ich zu spät dran, um das zu verstehen?"*
- *„Muss ich programmieren können?"*
- *„Und was genau ist ein Prompt?"*

Wenn dir das bekannt vorkommt, bist du hier genau richtig.

Dieses Buch ist dein Einstieg – ohne Fachchinesisch. Ohne Frust. Ohne Druck.

*Denn das, was dir bisher vielleicht noch wie ein komplexes Tech-Mysterium erscheint, ist in Wahrheit **nichts anderes als ein***

Werkzeug. Eines, das du wie einen elektrischen Mixer bedienen kannst. Du musst nicht wissen, wie er gebaut wurde. Du musst nur wissen, **wie du ihn in deinem Leben nutzen kannst**.

Und genau das zeigt dir dieses Buch.

KI kann dein Leben einfacher machen – aber nur, wenn du weißt, wie

Wir stehen an einem Wendepunkt. Noch nie war der Zugang zu modernster Technologie so offen. Noch nie konntest du als „Nicht-Techniker" mit wenigen Worten so große Dinge bewegen:

- *einen Businessplan in 10 Minuten erstellen*
- *dein Kind spielerisch auf die Klassenarbeit vorbereiten*
- *einen Kündigungsbrief rechtssicher formulieren*
- *eine kreative Geschenkidee generieren lassen*
- *deinen Alltag organisieren – ganz ohne App-Wirrwarr*
- *dein eigenes E-Book schreiben, mit KI als Co-Autor*

Du musst dafür kein Nerd sein. Kein Digital Native. Kein Silicon-Valley-Typ mit Hoodie.
Was du brauchst, ist ein bisschen Neugier – und die Bereitschaft, dich auf Neues einzulassen.

Warum ich dieses Buch geschrieben habe

Ich habe gesehen, wie viele Menschen sich von KI überfordert fühlen. Nicht, weil sie dumm wären – im Gegenteil. Sondern weil **niemand ihnen die Technik verständlich erklärt hat**.

Die meisten KI-Ratgeber richten sich an Entwickler, Startup-Gründer oder Digitalberater. Aber was ist mit der Mutter, die ihr Kind beim Lernen unterstützen will? Was ist mit dem Angestellten, der effizienter arbeiten möchte? Oder mit der Studentin, die endlich ihre Thesis strukturieren will?

Für sie alle ist dieses Buch.

Ich wollte einen Guide schreiben, der **mit dir spricht, nicht über dich hinweg**. Einen, der dir **zeigt**, was du mit KI tun kannst – nicht nur erklärt, was theoretisch möglich wäre.
Einen, der dich nicht einschüchtert, sondern stärkt.

Was du brauchst, um mit diesem Buch zu starten?

Nur drei Dinge:

1. Ein Smartphone, Tablet oder Computer

2. Einen kostenlosen Zugang zu ChatGPT (wir zeigen dir gleich, wie das geht)

3. Und die Lust, neue Werkzeuge für dein Leben zu entdecken

Das war's. Mehr brauchst du nicht.

Keine Programmierkenntnisse. Kein Vorwissen. Kein digitales Abitur.

- **Verständnis**: Du wirst begreifen, wie KI funktioniert – aber ganz ohne technisches Gerede.

- **Klarheit**: Du wirst lernen, was Prompts sind und wie du sie für dich nutzt.

- **Anwendung**: Du bekommst über 100 konkrete Beispiele, die du sofort umsetzen kannst.

- **Selbstvertrauen**: Du wirst merken, dass du das kannst – und dich fragen, warum du so lange gewartet hast.

> **Dieses Buch soll kein Nachschlagewerk sein. Es soll ein Begleiter werden.**

Eines, in dem du Eselsohren machst. Sätze markierst. Dir Notizen an den Rand schreibst.
Denn genau dafür ist es gedacht: als **lebendiges Werkzeug für dein echtes Leben** – nicht als trockener Theorieblock.

Wir starten gleich ganz vorne:
Was ist KI eigentlich? – und warum ist das, was du gleich lernen wirst, nichts weniger als der Anfang einer neuen Sprache.

Bereit? Dann lass uns losprompten.

> **„Technologie sollte keine Angst machen. Sie sollte dich stärken – so wie ein Werkzeug in deiner Hand, nicht wie ein Rätsel vor deinem Kopf."**

Ich erinnere mich noch genau an die erste Nachricht, die ich mit ChatGPT geschrieben habe. Es war nichts Weltbewegendes – nur ein kurzer, optimierter Text für eine E-Mail, die ich seit Tagen vor mir herschob. Drei Klicks, ein Satz – und plötzlich war sie fertig. Ich saß da, ein bisschen ungläubig, und dachte: *„War's das? So einfach? Und das hab ich wochenlang vor mir hergeschoben?"*

In dem Moment war mir klar: **Wenn so ein Tool mir so viel mentale Last abnehmen kann – was kann es dann für jemanden tun, der gerade mitten in einem Jobwechsel steckt? Oder sich selbstständig machen will? Oder einfach nur den Familienalltag besser organisieren möchte?**

Stell dir vor, du hältst in deiner Hand **einen digitalen Zauberstab**. Kein Hokuspokus, keine Magie – sondern eine ganz reale Möglichkeit, Ideen, Texte, Listen, Lösungen zu erzeugen, nur mit deiner Sprache.

Du sagst – und die KI schreibt.
Du fragst – und sie denkt mit.
Du brauchst – und sie liefert.

Und das ist kein ferner Zukunftstraum. Das ist **jetzt.**
Heute. Hier. In diesem Buch.

Kapitel 1 – KI verstehen, ohne Fachchinesisch

1.1 Was ist KI eigentlich – in 3 Minuten erklärt

Stell dir vor, du hast einen Gesprächspartner, der nicht schläft, nicht müde wird, alle Bücher der Welt gelesen hat, nie genervt ist – und dir rund um die Uhr zuhört.

Das ist Künstliche Intelligenz. Oder besser gesagt: **eine Form davon.**

Natürlich ist es etwas komplexer, aber im Kern geht es genau darum:

Künstliche Intelligenz (KI) ist ein digitales System, das aus riesigen Datenmengen gelernt hat, Muster zu erkennen – und dir auf dieser Basis Inhalte liefern kann, die wirken, als wären sie von einem Menschen gemacht.

Das klingt erstmal abstrakt – deshalb machen wir's konkreter.

Was macht KI?

KI analysiert. Kombiniert. Beantwortet. Formuliert. Erklärt. Sie ist ein System, das darauf trainiert wurde, Sprache zu verstehen und zu erzeugen – so, dass sie für dich verständlich, nützlich und manchmal sogar überraschend kreativ ist.

ChatGPT – das bekannteste KI-Tool, das du wahrscheinlich auch bald nutzt – wurde mit Milliarden Textbeispielen „gefüttert". Daraus hat es gelernt, wie Sprache funktioniert.

KI „weiß" nicht im klassischen Sinn. Sie denkt auch nicht wie ein Mensch.

Aber sie kann dir unglaublich schnell Vorschläge machen, Fragen beantworten, Texte schreiben, Aufgaben lösen, Ideen entwickeln – **weil sie gelernt hat, wie Menschen schreiben, fragen, denken.**

Und was ist ChatGPT?

ChatGPT ist eine KI, die sich auf Texte spezialisiert hat – ein sogenannter **Textgenerator**. Du gibst ihr eine Frage oder eine Aufgabe (das nennt man „Prompt") – und sie antwortet in natürlicher Sprache.

Einfach gesagt: **Du tippst – sie schreibt.**

Je besser dein Prompt, desto besser die Antwort.

Und das ist auch schon die ganze „Magie": Du lernst, **wie du mit der KI sprichst**, damit sie dir genau das liefert, was du brauchst.

Vergleich: Stell dir KI wie eine richtig gute Küchenmaschine vor

Du wirfst Zutaten rein (deine Worte = Prompt)

Die Maschine verarbeitet sie blitzschnell

Und serviert dir ein fertiges Gericht (Antwort, Text, Plan, Idee, …)

Nur: **Was du reinwirfst, entscheidet über das Ergebnis.**
Wenn du keine klaren Zutaten (Anweisungen) gibst, kommt auch kein leckeres Ergebnis raus.

Deshalb lernst du in diesem Buch nicht nur, **was KI ist**, sondern vor allem:

Wie du sie steuerst – damit sie für dich arbeitet.

Was KI nicht ist

KI ist kein echter Mensch. Sie hat kein Bewusstsein, kein Gewissen, keine Gefühle.

Sie kann sich *anfühlen* wie ein Gesprächspartner – aber sie weiß nichts über dich, sie „denkt" nicht im klassischen Sinne und sie hat keine Meinung.

Das bedeutet: **Du musst immer kritisch mitdenken.**

KI kann falsch liegen. Sie kann lügen, Dinge erfinden oder übertreiben – nicht aus böser Absicht, sondern weil sie eben nur Wahrscheinlichkeiten berechnet.

Aber:

Wenn du verstehst, **wie sie funktioniert**, kannst du sie unglaublich effektiv einsetzen – fast wie ein digitaler Assistent, der dir den Alltag erleichtert.

Fazit dieses Kapitels:

KI ist ein System, das Sprache verarbeitet und dir auf Basis riesiger Datenmengen antwortet.

ChatGPT ist ein KI-Textgenerator, der auf deine Prompts reagiert – also auf deine Befehle, Fragen und Anweisungen.

Du musst nicht wissen, *wie* sie technisch funktioniert – nur, **wie du mit ihr sprichst.**

KI denkt nicht. Sie rechnet. Aber sie kann dir trotzdem helfen, besser zu denken.

1.2 – Wie funktioniert ChatGPT & Co.?

Künstliche Intelligenz kann faszinierend wirken – aber auch einschüchternd, vor allem, wenn man nicht aus der Technik-Ecke kommt. Deshalb nehmen wir uns in diesem Kapitel Zeit, um dir Schritt für Schritt und ohne Fachkauderwelsch zu erklären, **wie ChatGPT eigentlich funktioniert.**

Und zwar so, dass du am Ende wirklich verstehst, was da im Hintergrund passiert – **ohne dass du je eine Zeile Code schreiben musst.**

Die Basics: ChatGPT ist ein Text-Vervollständiger

Stell dir vor, du sitzt mit einem richtig guten Gesprächspartner am Tisch. Du beginnst einen Satz – und er beendet ihn blitzschnell. Immer wieder. Immer passend. Und je mehr du sagst, desto besser versteht er, worauf du hinauswillst.

Das ist im Grunde, was **ChatGPT tut:**

Es **sagt vorher, was als Nächstes kommen soll.**

Ganz technisch gesehen ist es ein **Textmodell**, das gelernt hat, wie Sprache funktioniert – also wie Sätze aufgebaut sind, welche Wörter häufig zusammen vorkommen, und was wir in bestimmten Situationen typischerweise sagen oder schreiben.

Aber das Entscheidende ist:
Es basiert nicht auf festen Regeln, sondern auf **Wahrscheinlichkeiten**.

Ein Beispiel, das du sofort verstehst

Wenn du den Satz beginnst mit:

„Heute gehe ich ins…"

Dann könnte die KI vorschlagen:

…Kino

…Büro

…Fitnessstudio

…Bett

Die Wahl hängt vom Zusammenhang ab, von dem, was du vorher gesagt hast – und von dem, was statistisch am häufigsten folgt.

Je mehr du der KI an Kontext gibst, desto besser kann sie abschätzen, was du willst. Deshalb ist es so wichtig, **gute Prompts** zu schreiben – dazu später viel mehr.

Was macht ChatGPT so besonders?

Es gibt viele KI-Modelle, aber ChatGPT (entwickelt von OpenAI) ist deshalb so bekannt geworden, weil es:

extrem gut im Schreiben und Formulieren ist,

in natürlicher Sprache antwortet,

keine Programmierkenntnisse braucht,

und einfach für jeden zugänglich ist.

Du brauchst keine Software zu installieren. Du gehst einfach auf eine Website (z. B. chat.openai.com), meldest dich an – und kannst direkt loslegen.

ChatGPT ist wie ein Text-Katalysator: Du gibst Input – und bekommst in Sekunden Texte, Vorschläge, Ideen, Erklärungen oder sogar ganze Pläne zurück.

Aber wie lernt so ein System überhaupt?

Hier wird es kurz ein bisschen technischer – aber keine Sorge, du wirst es verstehen.

ChatGPT basiert auf einem sogenannten **„Sprachmodell"**. Genauer: auf einem **„Large Language Model"** – einem riesigen Sprachsystem, das mit **Milliarden Texten** trainiert wurde.

Das bedeutet:
Die Entwickler haben ChatGPT mit unzähligen Beispielen aus dem Internet, aus Büchern, aus Zeitungen, Foren, Social Media, Wikipedia-Artikeln und vielem mehr „gefüttert".

Die KI hat diese Texte nicht auswendig gelernt, sondern **verallgemeinert**, was typisch ist. Sie hat „verstanden", wie Menschen sich ausdrücken, welche Formulierungen zu welchen Fragen passen und wie gute Antworten aufgebaut sind.

Lernt ChatGPT im Gespräch mit dir dazu?

Das ist eine häufige Frage – und die Antwort lautet: **Jein.**

Während du mit ChatGPT sprichst, **merkt es sich innerhalb der aktuellen Unterhaltung**, was du gesagt hast. Es kann also auf frühere Nachrichten im Gesprächsverlauf eingehen.

Aber: **ChatGPT speichert nicht dauerhaft deine Gespräche** (zumindest in der Standardversion). Es lernt also nicht *aus dir persönlich*, sondern ist ein „fertig trainiertes" Modell, das aus den alten Trainingsdaten heraus funktioniert.

Es gibt allerdings „Weiterentwicklungen" davon, zum Beispiel **ChatGPT Plus mit GPT-4-Turbo**, bei dem man **Benutzerprofile und Custom Instructions** einrichten kann – damit die KI langfristig deinen Stil oder deine Bedürfnisse besser kennt. Dazu kommen wir später im Buch.

Was passiert technisch, wenn du eine Frage stellst?

In Kurzform:

Du gibst eine Eingabe ein (z. B. „Schreib mir eine freundliche Antwort auf eine Reklamation").

Die KI analysiert deine Worte – und vergleicht sie mit den Mustern aus dem Training.

Sie berechnet, **welche Wörter mit welcher Wahrscheinlichkeit am besten folgen würden**, um eine sinnvolle Antwort zu erzeugen.

Dann „spuckt" sie den Text Stück für Stück aus – Wort für Wort, manchmal sogar Buchstabe für Buchstabe.

Klingt nüchtern – wirkt aber oft erstaunlich lebendig.

Gibt es nur ChatGPT?

Nein – es gibt viele andere KI-Modelle und Anbieter:

Claude von Anthropic

Gemini von Google (früher Bard)

Mistral, **LLaMA** und andere Open-Source-Modelle

Und spezialisierte Tools wie **Jasper**, **Copy.ai**, **Neuroflash** etc.

Aber:

ChatGPT ist derzeit der bekannteste und zugänglichste Einstieg, und deshalb konzentrieren wir uns in diesem Buch auch auf dieses Tool. Wenn du ChatGPT verstehst, wirst du alle anderen KI-Tools sehr leicht durchschauen.

Fazit:

ChatGPT ist ein **Textgenerator**, der mithilfe von Wahrscheinlichkeiten Texte erzeugt, die wirken, als kämen sie von einem Menschen.

Es wurde mit riesigen Mengen an Text trainiert und reagiert flexibel auf deine Eingaben.

Du brauchst keine Software – nur einen Browser und ein paar Ideen.

Die Kunst liegt **nicht darin, die Technik zu verstehen, sondern zu wissen, wie du mit ihr sprichst.**

1.3 – Was du über Prompts wissen musst, bevor du startest

Wenn du einen einzigen Begriff aus diesem Buch mitnehmen solltest, dann ist es dieser hier:
Prompt.

Dieses Wort wird dir in der Welt der Künstlichen Intelligenz immer wieder begegnen. Es ist quasi **der Schlüssel, der alles steuert.** Ohne ihn funktioniert keine Konversation mit ChatGPT. Ohne ihn kommt keine gute Antwort. Und wer ihn beherrscht, **kann mit KI Dinge erreichen, die sich fast magisch anfühlen.**

Aber fangen wir ganz von vorne an.

Was ist ein Prompt?

Ein **Prompt** ist einfach gesagt:

Deine Eingabe. Also die Frage, Aufgabe oder Anweisung, die du der KI gibst.

Das kann ein einzelner Satz sein – oder ein ganzer Absatz. Es kann eine offene Frage sein, ein konkreter Befehl oder sogar eine kleine Geschichte, auf die ChatGPT reagieren soll.

Ein Prompt ist wie eine Fernbedienung für die KI.
Du drückst den Knopf – und die KI tut etwas.

Oder anders gesagt:

Der Prompt ist deine Sprache. Deine Steuerung. Deine Magie.

Warum ist der Prompt so wichtig?

Weil ChatGPT nur so gut antwortet, wie du fragst. Punkt.

Wenn du z. B. schreibst:

„Erklär mir das Thema Finanzen."

...bekommst du eine sehr allgemeine, breite Antwort.
Wenn du aber schreibst:

„Erkläre mir in einfachen Worten für Berufseinsteiger, wie ich meine monatlichen Fixkosten besser im Blick behalten kann – bitte mit einem einfachen Beispiel."

...dann bekommst du einen **maßgeschneiderten, hilfreichen Text**, der sich viel eher nach dem anfühlt, was du wirklich brauchst.

Deshalb gilt in der Welt der KI:

Garbage in – Garbage out.
(Wenn dein Prompt unsauber ist, wird auch die Antwort nicht besser sein.)

Arten von Prompts

Es gibt viele Arten von Prompts – und keine Sorge, du wirst sie alle noch im Buch kennenlernen. Aber hier schon mal ein kleiner Überblick, damit du eine Vorstellung bekommst:

Informations-Prompts
z. B. „Erkläre mir den Unterschied zwischen Brutto und Netto."

Anweisungs-Prompts
z. B. „Formuliere diesen Text freundlicher."

Rollenspiel-Prompts

z. B. „Tu so, als wärst du ein Fitnesstrainer und gib mir einen Trainingsplan."

Kreative Prompts

z. B. „Schreibe mir eine Kurzgeschichte über eine Maus, die sich selbstständig macht."

Format-Prompts

z. B. „Fasse diesen Artikel in einer Bullet-Point-Liste zusammen."

Das Geniale: **Du kannst alles mischen.**

Du kannst die KI zum Experten machen, ihr eine Aufgabe geben, den Stil festlegen – und sogar Regeln mitgeben. Und das alles in normaler Sprache.

Prompten ist wie Kommunizieren – je klarer du bist, desto besser läuft's

Viele Menschen denken anfangs, sie müssten sich „besonders schlau" ausdrücken, wenn sie mit ChatGPT sprechen. Das Gegenteil ist der Fall:

Je natürlicher, je klarer, je konkreter – desto besser funktioniert es.

Stell dir vor, du gibst einer echten Person eine Aufgabe. Du würdest wahrscheinlich auch nicht sagen:

„Mach mal irgendwie was mit dem Thema Gesundheit."

Sondern du würdest sagen:

„Ich brauche einen Instagram-Post zum Thema Immunsystem, der leicht verständlich ist und Lust auf Bewegung macht – bitte in der Du-Ansprache."

Genau so funktioniert das mit Prompts auch.

Was Anfänger oft falsch machen

Hier ein kleiner Vorgeschmack auf ein späteres Kapitel, aber schon jetzt wichtig:

Zu ungenau fragen
→ „Schreib mir mal was über Ernährung" bringt selten brauchbare Texte.

Den Kontext vergessen
→ Wenn du möchtest, dass die KI deinen Stil trifft oder ein bestimmtes Format nutzt, sag es ihr.

Zu kurze Prompts geben
→ Ein Satz reicht manchmal nicht. Lieber ein paar klare Sätze schreiben.

Unrealistische Erwartungen haben
→ ChatGPT ist kein Hellseher. Du musst führen, strukturieren, mitdenken.

Was du dir merken solltest

Ein Prompt ist deine Eingabe – er steuert, was die KI tut.

Je klarer, konkreter und zielgerichteter, desto besser wird die Antwort.

Du musst keine Fachsprache nutzen – **natürliche Sprache ist perfekt.**

Prompten ist wie sprechen mit einem sehr schnellen, sehr höflichen Assistenten – aber du gibst die Richtung vor.

1.4 – Was KI (nicht) kann – und warum das gut ist

Wenn du anfängst, mit KI zu arbeiten, wirst du bald feststellen: **Sie ist unglaublich hilfreich – aber eben nicht allmächtig.** Und das ist auch gut so.

Dieses Kapitel zeigt dir ganz genau:

- Was du von einer KI erwarten darfst,

- Was sie definitiv *nicht* kann,

- Und warum ihre Grenzen sogar zu deinem Vorteil werden können.

Denn nur wer die **Spielregeln** kennt, kann **das Spiel gewinnen**.

Was KI richtig gut kann

Beginnen wir mit den positiven Seiten – und davon gibt es viele:

1. Sie schreibt schnell, flüssig und fehlerfrei

KI kann dir Texte in Sekunden liefern – ganz gleich, ob du:

- eine Produktbeschreibung brauchst,

- ein Social-Media-Posting,

- einen Brief,

- ein Bewerbungsschreiben,

- oder eine Gliederung für dein E-Book.

Und das in unterschiedlichen Stilen: sachlich, witzig, emotional, kurz, lang – **du sagst es, sie liefert.**

2. Sie denkt in Strukturen

KI liebt Ordnung. Wenn du einen komplexen Gedanken hast, hilft sie dir, ihn:

- in Abschnitte zu gliedern,
- Bullet Points zu erstellen,
- eine Liste zu entwerfen,
- einen Ablaufplan zu bauen.

Das ist ideal für alle, die oft „zu viel im Kopf haben" und Hilfe beim Sortieren brauchen.

3. Sie kennt fast alles – theoretisch

Weil ChatGPT mit so vielen Texten aus dem Internet trainiert wurde, ist sein Wissen enorm breit. Du kannst Fragen zu Geschichte, Gesundheit, Erziehung, Programmierung oder Ernährung stellen – und bekommst meist eine solide, erste Orientierung.

Achtung: Die KI weiß **nicht** alles – aber sie weiß oft **viel mehr als du in einem Google-Suchfenster auf den ersten Blick finden würdest.**

4. Sie wiederholt sich nicht – außer du willst es

KI kann 20 Versionen eines Textes schreiben, ohne sich zu langweilen.
Sie kann dir Alternativen anbieten, Dinge umformulieren,

übersetzen, anpassen, zusammenfassen. Immer wieder. Ohne zu murren.

5. Sie macht keine Pause

Du kannst sie um 4 Uhr morgens um Hilfe bitten – und sie antwortet mit der gleichen Geduld wie am Nachmittag.

Was KI nicht kann – und das ist entscheidend

Jetzt kommen wir zu den Grenzen – und die solltest du **unbedingt kennen**, damit du nicht frustriert wirst oder falsche Erwartungen entwickelst.

1. KI weiß nichts über die Zukunft

Sie kann Trends aus der Vergangenheit erkennen, aber sie **weiß nicht, was morgen passiert.**
Wenn du sie z. B. fragst:

„Was wird 2025 mit der Inflation passieren?"
...wird sie raten – auf Basis von bisherigen Texten.

2. KI denkt nicht – sie rechnet

Künstliche Intelligenz ist kein Bewusstsein. Sie „weiß" nicht, was sie sagt.
Sie berechnet Wahrscheinlichkeiten, was **als Nächstes am besten passt.**
Das wirkt manchmal wie Nachdenken – ist aber in Wahrheit **nur Statistik auf höchstem Niveau.**

3. KI kann sich Inhalte ausdenken – sogar Lügen

Es kommt vor, dass ChatGPT „Halluzinationen" hat – also Dinge erfindet.
Zum Beispiel:

- Quellen, die es nicht gibt,

- Studien, die nie veröffentlicht wurden,

- Behauptungen, die ausgedacht klingen – und es oft auch sind.

Deshalb gilt: Bei allem, was mit Fakten, Daten, rechtlichen oder medizinischen Themen zu tun hat: **immer gegenprüfen.**

4. KI kennt keine Gefühle

Wenn du ChatGPT schreibst:

„Ich bin traurig, gib mir bitte einen ehrlichen Rat"
…dann bekommst du eine freundliche Antwort. Aber nicht, weil die KI Mitgefühl hätte – sondern weil sie gelernt hat, wie Menschen in solchen Situationen antworten würden.

Sie spielt Empathie – aber sie **fühlt nichts.** Und das solltest du nie vergessen.

5. KI hat keinen eigenen moralischen Kompass

Sie unterscheidet nicht automatisch zwischen „richtig" und „falsch".
Sie gibt dir auf Wunsch auch eine Anleitung, wie man einen Fake-Account erstellt – wenn du es nur nett genug formulierst.
(Das ist übrigens einer der Gründe, warum ethische Regeln so wichtig sind – dazu gleich mehr im nächsten Kapitel.)

Warum die Grenzen von KI gut für dich sind

Vielleicht denkst du jetzt:

„Na toll. Also ist KI doch gar nicht so stark wie gedacht."

Aber genau das ist ein Denkfehler.

Die Tatsache, dass KI **nicht alles kann**, bedeutet:

> **Du bleibst der Mensch. Der Entscheider. Der Filter. Der Verantwortliche.**

Die KI ist dein Werkzeug, nicht dein Ersatz. Sie nimmt dir Arbeit ab – aber nicht Denken, Fühlen, Entscheiden.
Und das ist gut so.

Denn genau darin liegt deine Chance:

- Du musst kein perfekter Schreiber mehr sein – die KI hilft dir.

- Du musst kein Orga-Profi sein – die KI denkt mit.

- Du musst keine Texterin, kein Redner, kein Planer sein – du musst nur wissen, **wie man richtig fragt.**

Aber du bleibst derjenige, der beurteilt, was gut ist. Was passt. Was ethisch, ehrlich, sinnvoll ist.

> **KI erweitert deine Möglichkeiten. Aber sie ersetzt nicht deinen Menschenverstand.**

Fazit dieses Kapitels:

- **KI kann viel – vor allem Texte schreiben, ordnen, formulieren, strukturieren.**

- Sie ist schnell, freundlich, vielseitig – aber **kein denkendes Wesen.**

- Sie kann Fehler machen, lügen, übertreiben – und **du musst kritisch mitdenken.**

- Ihre Grenzen sind **dein Schutzraum**: Sie hilft dir, aber sie lenkt dich nicht.

1.5 – Ethik, Datenschutz und gesunder Menschenverstand

KI ist ein Werkzeug. Und wie bei jedem Werkzeug kommt es darauf an, **wer es in der Hand hält – und wozu.**

Ein Hammer kann ein Haus bauen oder eine Scheibe einschlagen.
KI kann dich bei wichtigen Aufgaben unterstützen – oder in eine gefährliche Abhängigkeit führen.
Deshalb widmen wir dieses Kapitel einem Thema, das viele Ratgeber auslassen, das aber **entscheidend ist, wenn du KI wirklich smart nutzen willst: deine Verantwortung.**

Was bedeutet Ethik bei KI überhaupt?

Ethik ist die Frage nach dem „Richtigen" – nach dem, was gut, fair, ehrlich und verantwortungsvoll ist. Auch im digitalen Raum.

Denn:

Nur weil eine KI etwas kann, heißt das nicht, dass du es tun solltest.

Ein Beispiel:
Du kannst ChatGPT bitten, dir eine **emotional überzeugende Bewerbungsrede** zu schreiben – wunderbar.
Aber du kannst sie genauso gut bitten, eine **schamlose Lüge überzeugend zu verpacken**.
Die KI macht beides – weil sie nicht beurteilen kann, was davon ethisch ist.

Deshalb brauchst du **deine eigene Haltung. Deinen inneren Kompass.**

Gerade dann, wenn es um andere Menschen geht. Oder um sensible Informationen.

Datenschutz: Was darfst du der KI anvertrauen – und was nicht?

Ein häufiger Fehler von Einsteigern: Sie geben der KI **vertrauliche Informationen**, als wäre sie ein Freund.

Zum Beispiel:

- die vollständigen Namen und Adressen ihrer Kunden,

- interne Unternehmensdaten,

- sensible Informationen aus dem Familienleben,

- Bank- oder Vertragsdaten,

- oder sogar Passwörter (ja, das passiert wirklich).

Mach das nicht.

Warum?

Weil ChatGPT (in der kostenlosen Version) **nicht offline läuft.** Deine Eingaben werden über Server verarbeitet, oft außerhalb der EU – was bedeutet:

Die Daten können technisch gespeichert, analysiert oder verwendet werden, auch wenn OpenAI betont, dass sie dies im Rahmen ihrer Richtlinien absichern.

Das heißt nicht, dass alles sofort unsicher ist – aber:

Handle so, als würdest du in einem öffentlichen Raum mit einer sehr klugen Maschine sprechen.

Was du problemlos fragen kannst:

- „Schreibe mir eine Vorlage für einen Mietvertrag."

- „Hilf mir, eine Instagram-Bio zu optimieren."

- „Erkläre mir den Unterschied zwischen Umsatz und Gewinn."

Was du vermeiden solltest:

- „Schreib mir eine Kündigung für Frau Maria Müller, 12345 Berlin, Personalnummer 589732."

- „Berechne meine Steuerlast aus diesen echten Excel-Zahlen."

Tipp: Wenn du mit realen Daten arbeitest, **ändere Namen und Zahlen** oder schreibe dazu:

„Das Folgende ist ein fiktives Beispiel."

So kannst du das volle Potenzial nutzen – **ohne Risiko.**

KI = Verantwortung

Viele Menschen sind fasziniert davon, was KI kann. Aber sie vergessen dabei, dass sie als Nutzer **immer auch Verantwortung tragen**:

- für die Inhalte, die sie erstellen

- für die Entscheidungen, die sie daraus ableiten

- und für die Wirkung auf andere Menschen

Die KI prüft nicht für dich, ob deine Aussagen fair sind. Oder ob dein Text jemand verletzen könnte. Oder ob du jemanden diskriminierst.

Das musst du selbst tun.
Denn **du bist der Mensch am Steuer**.

Gesunder Menschenverstand: Deine wichtigste Fähigkeit im Umgang mit KI

Zwischen Hype und Angst liegt oft das, was wir zu wenig nutzen: **gesunder Menschenverstand.**

Frage dich beim Arbeiten mit KI regelmäßig:

- *„Würde ich das, was ich da schreibe, auch so an einen echten Menschen schicken?"*

- *„Fühlt sich das richtig an – oder manipulativ?"*

- *„Nutze ich die KI gerade als Unterstützung – oder verlasse ich mich zu sehr auf sie?"*

Denn genau das ist die Balance, die du brauchst:

> **Nutze KI mit Begeisterung – aber nie ohne Haltung.**

Was das für deinen Alltag bedeutet

Hier ein paar einfache Regeln, die du dir merken kannst:

- **Vertraue nicht blind.** Prüfe Inhalte immer mit einer gesunden Portion Skepsis.

- **Nutze KI nicht, um zu täuschen.** Niemand will perfekte Lügen – sondern ehrliche Klarheit.

- **Teile keine sensiblen Daten.** So schützt du dich, andere – und deine Glaubwürdigkeit.

- **Triff deine Entscheidungen immer selbst.** Die KI ist dein Werkzeug – nicht dein Boss.

Fazit dieses Kapitels:

- **Ethik bedeutet, dein Handeln zu reflektieren – auch beim Arbeiten mit KI.**

- KI kennt keine Moral. Du musst selbst entscheiden, was richtig und falsch ist.

- **Datenschutz ist entscheidend** – gib keine sensiblen Daten ein.

- Dein stärkstes Tool bleibt: **gesunder Menschenverstand + Verantwortung + Neugier.**

Kapitel 2 – Die Magie der Prompts: So steuerst du KI richtig

2.1 – Prompt = Befehl = Ergebnis – die neue Sprache lernen

Wenn es einen goldenen Schlüssel gibt, um Künstliche Intelligenz wirklich für dich arbeiten zu lassen, dann ist es dieser hier:

Lerne, wie du mit ihr sprichst.

Denn was viele am Anfang unterschätzen:
KI ist kein Gedankenleser.
Sie reagiert **genau so, wie du sie steuerst.**

Und steuern kannst du sie mit einer einzigen Sache:
Deinem Prompt.

Was ist ein Prompt wirklich?

Ein Prompt ist nicht einfach nur „eine Frage". Es ist:

- deine **Aufgabenstellung**

- dein **Wunsch**

- deine **Regieanweisung**

- dein **Befehl**

- manchmal sogar dein **Dialog-Partner-Skript**

Du kannst ChatGPT so präzise steuern, dass es:

- wie ein Lehrer erklärt,

- wie ein Marketer verkauft,

- wie ein Coach fragt,

- oder wie ein Texter schreibt.

Aber eben nur, **wenn du weißt, wie du die richtigen Prompts formulierst.**

Prompt = Befehl = Ergebnis

Das ist die neue Gleichung im KI-Zeitalter:

Prompt = Befehl = Ergebnis.

Oder einfacher gesagt:
Was du eingibst, bestimmt zu 100 %, was du bekommst.

Ein vager Prompt erzeugt vage Ergebnisse.
Ein präziser Prompt erzeugt präzise Ergebnisse.
Ein inspirierender Prompt erzeugt kreative Antworten.
Ein strukturierter Prompt erzeugt Ordnung und Klarheit.

Warum viele Prompts „nicht funktionieren" – obwohl die KI gut ist

Oft höre ich Sätze wie:

- „Die Antwort war komisch."

- „Das war nicht das, was ich wollte."

- „Das klingt irgendwie künstlich."

- „Die KI hat das Thema verfehlt."

Aber in den allermeisten Fällen liegt das **nicht an der KI** – sondern daran, dass der Prompt **ungenau, zu offen oder zu unstrukturiert** war.

ChatGPT kann unglaublich viel – aber **du musst der Dirigent sein.**
Du gibst den Ton vor. Du bestimmst, wohin das Orchester spielt.

Ein Vergleich, der dir hilft

Stell dir vor, du stehst mit einem supertalentierten Schauspieler auf einer Bühne.
Er kann alles spielen – Drama, Komödie, Ironie, Hochdeutsch, Dialekt.

Aber du sagst nur:

„Mach mal was."

Was passiert?
Er improvisiert. Vielleicht trifft er deinen Geschmack – vielleicht auch nicht.

Jetzt stell dir vor, du sagst:

„Spiel eine Szene, in der ein gestresster Vater seinem Kind das Fahrradfahren beibringt. Nutze einen humorvollen Ton. Dauer: 30 Sekunden."

Boom! Der Schauspieler liefert. Weil du **gelenkt hast.**

Genau so ist es mit einem Prompt. **Je klarer dein Regiebefehl, desto besser das Ergebnis.**

So formulierst du wirkungsvolle Prompts: Erste Grundlagen

Hier einige einfache Techniken, die du ab sofort nutzen kannst:

1. Setze eine klare Rolle

„Du bist ein Personal Coach."
„Tu so, als wärst du ein Kinderarzt."
„Handle wie ein empathischer Bewerbungstrainer."

2. Gib ein konkretes Ziel vor

„Erstelle eine strukturierte Tagesplanung für eine Mutter mit zwei Kindern und Teilzeitjob."
„Finde drei kreative Ideen für einen Kindergeburtstag im Winter."

3. Lege Ton oder Stil fest

„Bitte in einfacher Sprache, als würdest du es einem 10-Jährigen erklären."
„Formuliere freundlich, aber klar. Keine Umgangssprache."

4. Begrenze oder erweitere den Umfang

„Maximal 200 Wörter."
„Liste bitte in Stichpunkten auf."
„Bitte mit Gliederung."

5. Sage der KI, wie sie denken soll

„Bevor du antwortest, stelle mir eine Rückfrage."
„Überlege Schritt für Schritt, bevor du schreibst."
„Analysiere Vor- und Nachteile."

Was du dadurch gewinnst

Wenn du lernst, gut zu prompten, dann...

- **bekommst du bessere Antworten – schneller.**

- **sparst du Zeit bei Korrekturen und Nachfragen.**

- **lernst du, logisch zu denken und klar zu formulieren.**

- **erlebst du, wie KI plötzlich wie ein echter Assistent wirkt – statt wie ein Zufalls-Generator.**

> **Prompten ist keine Zauberei – sondern eine neue Form von Kommunikation.**
> Und du wirst sie lernen. Schritt für Schritt.

Fazit dieses Kapitels

- **Ein Prompt ist ein Befehl** – du steuerst die KI durch Sprache.

- **Je klarer, konkreter und strukturierter**, desto besser ist das Ergebnis.

- Denke wie ein Regisseur, Lehrer oder Coach: **Sag, was du willst.**

- Die Magie liegt **nicht in der KI**, sondern in deiner Fähigkeit, sie zu führen.

2.2 – Die 10 häufigsten Anfängerfehler (und wie du sie vermeidest)

Wenn du jemals mit ChatGPT gearbeitet hast und dachtest *„Naja, irgendwie unbrauchbar“*, dann bist du nicht allein. Die meisten Menschen erwarten von der KI, dass sie von selbst auf brillante Ideen kommt, Emotionen spürt oder ihre Gedanken liest. Aber das tut sie nicht.

ChatGPT ist kein Hellseher – sondern ein Spiegel deiner Fragen.

Und genau deshalb ist es so wichtig, diese zehn typischen Stolperfallen zu kennen – und zu wissen, wie du sie **in Klarheit, Präzision und Wirkung** verwandelst.

---

1. Du bist zu vage

Beispiel-Prompt:

„Schreib mir was zum Thema Ernährung.“

Typisches Ergebnis:
Eine langweilige Standardfloskel über „ausgewogene Ernährung“, ohne Tiefe oder Relevanz.

Lösung:
Werde konkret. Zum Beispiel:

„Erstelle einen 3-Tage-Ernährungsplan für eine berufstätige Mutter mit wenig Zeit, vegetarisch, mit günstigen Zutaten.“

2. Du gibst keine Rolle vor

Beispiel-Prompt:

„Gib mir Tipps für mein LinkedIn-Profil."

Typisches Ergebnis:
Allgemeine Tipps, wenig auf deine Situation zugeschnitten.

Lösung:
Lege eine Perspektive fest. Zum Beispiel:

„Tu so, als wärst du ein erfahrener Karriereberater für Marketing-Fachkräfte. Was würdest du mir raten, um mein LinkedIn-Profil überzeugender zu gestalten?"

---

3. Du erwartest perfekte Antworten beim ersten Versuch

Viele denken: *„Ich geb was ein, und es kommt gleich perfekt raus."*
Aber:

KI braucht Feintuning – wie ein Gespräch.

Lösung:
Nutze die Antwort als ersten Entwurf. Sag dann:

„Mach es emotionaler",
„Füge ein Beispiel hinzu",
„Fass es in Stichpunkten zusammen."

ChatGPT liebt Korrekturschleifen.

4. Du stellst geschlossene statt offene Fragen

Beispiel-Prompt:

„Ist Intervallfasten gut?"

Typisches Ergebnis:
Eine vage Ja-/Nein-Antwort.

Lösung:

„Erkläre mir die Vor- und Nachteile von Intervallfasten für berufstätige Menschen mit wenig Zeit."

So bekommt die KI mehr Raum, dir echten Mehrwert zu liefern.

---

5. Du schreibst wie in der Google-Suche

Viele Menschen geben der KI Befehle wie:

„Erklärung KI + einfach"

Aber ChatGPT ist kein Google-Roboter – sie versteht ganze Sätze, Kontext, Tonlage.

Lösung:
Sprich mit ihr wie mit einem Menschen:

„Erkläre mir bitte in einfachen Worten, was künstliche Intelligenz ist – so, dass es ein 10-Jähriger versteht."

6. Du willst zu viel auf einmal

Beispiel:

„Schreib mir ein Business-Konzept, mach gleich das Logo und bitte auch noch eine Social-Media-Strategie."

Ergebnis:
Meist flacher Text, überladen, unkonkret.

Lösung:
Arbeite **schrittweise**. Sag z. B.:

„Hilf mir zuerst, eine Zielgruppe für mein Business zu definieren."
Dann:
„Nun erstelle mir drei Namensideen für diese Zielgruppe."

KI liebt Etappenarbeit.

---

7. Du gibst keine Textform oder Struktur vor

Beispiel:

„Erzähl mir was über Achtsamkeit."

Ergebnis:
Ein endloser Fließtext ohne Lesbarkeit.

Lösung:

„Fass mir die wichtigsten 5 Achtsamkeitsübungen in einer übersichtlichen Liste zusammen – mit kurzen Erklärungen zu jeder."

So steigerst du Klarheit, Lesefreundlichkeit und Relevanz.

8. Du unterschätzt den Stil

KI kann locker, seriös, humorvoll oder sachlich schreiben – aber nur, wenn du es ihr sagst.

Lösung:

„Bitte in Du-Form, freundlich, modern, nicht zu akademisch."
Oder:
„Formuliere wie ein erfahrener Psychologe, ruhig und einfühlsam."

Der Stil verändert die Wirkung mehr als du denkst.

---

9. Du denkst, du darfst keine Rückfragen stellen

Viele Nutzer nehmen die erste Antwort hin – auch wenn sie nicht passt.

Aber du darfst (und sollst!) nachhaken:

„Kannst du das kürzer machen?"
„Gibt es dafür auch eine kreative Variante?"
„Wie würde das klingen, wenn du es für Kinder schreibst?"

Je aktiver du nachsteuerst, desto besser wird die KI.

---

10. Du gibst auf, bevor du verstanden hast, was möglich ist

Der größte Fehler?
Zu früh aufhören.

Viele geben zwei Eingaben ein, denken *„naja, ist ganz okay"* – und nutzen nie das volle Potenzial.

Lösung:

Spiel herum. Teste. Lerne. Frag anders.

Denn je mehr du dich traust, umso stärker wird dein Gespür für gute Prompts.

KI ist wie ein Flugsimulator: Je mehr du übst, desto weiter kommst du.

Fazit dieses Kapitels

- **Du bist die Steuerung. Die KI folgt dir – nicht umgekehrt.**

- Klare Rollen, konkrete Ziele, offene Fragen, Stilangaben und Rückfragen sind dein Werkzeugkasten.

- **Gib nicht beim ersten Versuch auf.** Die besten Ergebnisse kommen nach dem dritten oder vierten Prompt.

- **KI kann nur glänzen, wenn du sie lässt.** Und das beginnt bei dir.

2.3 – Der 5-Schritte-Aufbau für perfekte Prompts

Du hast jetzt verstanden, was ein Prompt ist. Du weißt, warum er entscheidend ist, und du kennst die häufigsten Fehler. Jetzt zeige ich dir ein **praktisches System**, mit dem du **sofort bessere Ergebnisse erzielst – jedes Mal.**

Dieses System funktioniert wie ein Bauplan.
Du kannst es immer wieder verwenden – ob du eine Social-Media-Idee suchst, einen Brief formulieren willst oder einen Businessplan starten möchtest.

Die 5 Bestandteile eines perfekten Prompts

1. **Rolle definieren** – *„Wer" soll antworten?*

2. **Ziel nennen** – *„Was" soll erreicht werden?*

3. **Kontext geben** – *„Für wen / in welcher Situation?"*

4. **Format bestimmen** – *„Wie" soll die Antwort aussehen?*

5. **Stil und Ton festlegen** – *„Wie soll es klingen?"*

Diese fünf Teile kannst du kurz oder lang formulieren – Hauptsache, sie sind **klar und vollständig**.

1. Rolle definieren – Wer soll antworten?

Die KI ist wie ein Chamäleon: Sie passt sich an jede Rolle an, die du ihr gibst.

Du musst ihr nur sagen, **in welchem „Modus" sie denken soll**.

Beispiele:

- „Du bist ein erfahrener Steuerberater."

- „Sprich wie eine Grundschullehrerin."

- „Handle wie ein Werbetexter mit 20 Jahren Berufserfahrung."

- „Tu so, als wärst du mein motivierender Laufcoach."

Je präziser du bist, desto besser das Ergebnis.

---

2. Ziel nennen – Was soll erreicht werden?

Die KI braucht eine Aufgabe. Keine vage Richtung, sondern ein **klares Ziel.**

Beispiele:

- „Erstelle einen Wochenplan für eine Familie mit drei Kindern."

- „Formuliere ein Antwortschreiben auf eine Reklamation."

- „Schreibe einen Instagram-Post, der Neugier auf mein Buch weckt."

Tipp: Wenn du dein Ziel nicht klar formulierst, entscheidet die KI selbst – und liegt oft daneben.

3. Kontext geben – Für wen / wann / warum?

Menschen schreiben anders, je nachdem, **für wen** sie schreiben. Die KI auch – wenn du es ihr sagst.

Beispiele:

- „Für eine gestresste Mama, die beruflich überfordert ist."

- „Für einen 17-jährigen Schüler, der sich auf eine Prüfung vorbereitet."

- „Für einen Kunden, der mit dem Service unzufrieden war."

Du kannst auch **zeitliche oder emotionale Kontexte** einbauen:

„Nach einer Trennung", „für den ersten Eindruck", „am Ende eines langen Arbeitstags" – je mehr Details, desto persönlicher und hilfreicher wird die Antwort.

4. Format bestimmen – Wie soll die Antwort aussehen?

Die Form beeinflusst, wie gut du mit der Antwort weiterarbeiten kannst.

Beispiele:

- „In Stichpunkten."

- „Als strukturierter Text mit Einleitung, Hauptteil und Fazit."

- „In einem Absatz mit maximal 200 Wörtern."

- „Als Tabelle mit zwei Spalten: Idee | Nutzen."

Je klarer das Format, desto klarer das Ergebnis.

---

5. Stil und Ton festlegen – Wie soll es klingen?

Der Ton macht die Musik – auch bei der KI.

Beispiele:

- „Freundlich, aber direkt."

- „Locker, duzend, modern."

- „Sachlich und professionell."

- „Empathisch und ruhig."

Wenn du nichts sagst, entscheidet ChatGPT selbst – und das passt nicht immer zu deinem Zielpublikum.

Kombiniert sieht das so aus:

„Du bist ein erfahrenes Eltern-Coaching-Team. Formuliere einen Text für eine Website-Startseite. Ziel ist, gestressten Müttern Mut zu machen, dass sie sich Hilfe holen dürfen. Sprich in klarer, positiver Sprache, duzend, mit kurzen Absätzen. Max. 150 Wörter."

Das klingt aufwendig? Ist es nicht.
Mit ein bisschen Übung denkst du automatisch in dieser Struktur.

Mini-Vorlage zum Mitnehmen:

Kopieren/ Bearbeiten

Feld	Beschreibung
Rolle	Du bist ...
Ziel	Erstelle / formuliere / hilf mir ...
Kontext / Zielgruppe	Für ...
Format	In ...
Tonlage / Sprachstil	Bitte im Stil ...

Du kannst das als Notiz abspeichern und bei jedem Prompt als Vorlage nutzen – **es ist dein Grundgerüst für fast alles.**

Fazit dieses Kapitels:

- Gute Prompts sind kein Zufall – sie sind **Aufbauarbeit.**

- Mit den 5 Schritten (Rolle, Ziel, Kontext, Format, Stil) kannst du **jede Idee in präzise Anweisungen verwandeln.**

- Je klarer dein Prompt, desto besser dein Ergebnis – **du wirst Zeit, Energie und Nerven sparen.**

2.4 – Beispiel-Prompts zum Nachbauen: Von Smalltalk bis Masterplan

Dieses Kapitel ist dein persönlicher Werkzeugkoffer: **50+ direkt anwendbare Prompts**, geordnet nach Alltagssituationen.
Du kannst sie **1:1 kopieren, abwandeln oder kombinieren.**
Sie funktionieren sofort – du brauchst dafür kein Vorwissen, keine Vorbereitung, nur **eine Idee, wofür du sie brauchst.**

Kategorie 1: Kommunikation & Alltag (Smalltalk, Social Media, E-Mail)

1. *„Formuliere eine freundliche Absage auf eine Einladung, die ich leider aus persönlichen Gründen nicht annehmen kann."*

2. *„Schreibe einen WhatsApp-Text an eine Freundin, der humorvoll ausdrückt, dass ich wieder zu spät komme."*

3. *„Erstelle einen Smalltalk-Einstieg für ein Netzwerktreffen zum Thema Nachhaltigkeit."*

4. *„Formuliere einen neutralen, aber höflichen Beschwerdebrief an meinen Mobilfunkanbieter."*

5. *„Schreibe eine emotionale Dankesnachricht an meine Hebamme – maximal 150 Wörter."*

6. *„Gib mir 3 Ideen für Instagram-Captions zum Thema Achtsamkeit – freundlich, modern, max. 100 Zeichen."*

7. *„Hilf mir, eine E-Mail an meinen Chef zu schreiben, in der ich um mehr Homeoffice-Tage bitte – sachlich, respektvoll, lösungsorientiert."*

8. *„Schreibe mir eine nette Nachricht an einen alten Schulfreund, den ich zufällig wiedergefunden habe."*

9. *„Gib mir 5 Varianten für eine kreative Instagram-Bio für eine Yogalehrerin, die Humor und Tiefe verbindet."*

10. *„Erstelle eine LinkedIn-Begrüßungsnachricht für einen neuen Kontakt in der Kreativbranche."*

Kategorie 2: Familie, Kinder, Alltag organisieren

11. *„Erstelle einen Wochen-Essensplan für eine vierköpfige Familie, vegetarisch, schnell & günstig."*

12. *„Formuliere einen Elternbrief an die Kita, weil mein Kind krank ist und die Woche fehlt."*

13. *„Gib mir 10 kreative Spielideen für verregnete Nachmittage mit Kindern (3–6 Jahre)."*

14. *„Schreibe einen Vorschlag für eine liebevolle Nachricht im Pausenbrot für mein Kind."*

15. *„Erstelle eine Packliste für einen Kurzurlaub mit Kleinkind (2 Jahre) im Sommer – nur das Nötigste."*

16. *„Hilf mir, einen kindgerechten Geburtstagsbrief an meinen Sohn (5 Jahre) zu schreiben – fröhlich und emotional."*

17. *„Gib mir 5 Sätze, wie ich meinem Kind erklären kann, warum wir Müll trennen – altersgerecht für 4-Jährige."*

18. *„Erstelle eine Tagesstruktur für eine Mutter mit zwei Kindern (3 und 6), inklusive Haushalt, Spielzeit und Me-Time."*

19. *„Gib mir einen Vorschlag für einen kurzen Elternabend-Vorstellungstext – sympathisch und authentisch."*

20. *„Schreibe eine To-do-Liste für den Start in den Montagmorgen mit zwei kleinen Kindern."*

Kategorie 3: Beruf, Bewerbung, Business

21. *„Erstelle ein Kurzprofil über mich für LinkedIn: weiblich, 34, Marketingexpertin, selbstständig, kreativ und verlässlich."*

22. *„Formuliere ein Motivationsschreiben für eine Bewerbung auf eine Teilzeitstelle im sozialen Bereich – menschlich & echt."*

23. *„Hilf mir, ein Meetingprotokoll aus folgenden Stichpunkten zu erstellen…"*

24. *„Erstelle 5 Ideen für einen Post zum Thema 'Work-Life-Balance' auf LinkedIn – inspirierend & professionell."*

25. *„Gib mir eine Gliederung für einen Online-Kurs zum Thema: 'Stressfrei durch den Familienalltag'."*

26. *„Formuliere eine E-Mail an eine potenzielle Kooperationspartnerin – herzlich, offen, mit klarem Angebot."*

27. *„Erstelle einen Zeitplan für den Launch meines Online-Coachings (6 Wochen Vorlauf)."*

28. *„Gib mir eine Übersicht über mögliche Nebenjobs, die ich von zu Hause mit Kind machen kann – inkl. Vor- und Nachteilen."*

29. *„Hilf mir, mein erstes Beratungsgespräch zu strukturieren – Einstieg, Frageteil, Abschluss."*

30. *„Formuliere eine professionelle, aber empathische Antwort auf eine negative Kundenbewertung."*

Kategorie 4: Persönlichkeitsentwicklung & Mindset

31. *„Gib mir eine Affirmation für mehr Selbstvertrauen, die ich morgens sagen kann."*

32. *„Erstelle ein Journal-Template mit 3 Fragen für den Tagesrückblick – reflektierend und positiv."*

33. *„Hilf mir, meine Stärken zu benennen – aus Sicht einer wohlwollenden Freundin."*

34. *„Formuliere einen inneren Motivationssatz, wenn ich prokrastiniere – humorvoll & ehrlich."*

35. *„Gib mir 5 Impulse für kleine Selbstliebe-Rituale im Alltag – alltagstauglich für Mamas."*

36. *„Schreibe mir eine mentale Notiz, die ich lesen kann, wenn ich mich minderwertig fühle."*

37. *„Gib mir eine Liste mit Dingen, auf die ich stolz sein kann – selbst wenn der Tag chaotisch war."*

38. *„Formuliere eine Vision meines Lebens in 5 Jahren – inspirierend, bildhaft, motivierend."*

39. *„Erstelle mir eine Mindset-Checkliste für Tage, an denen ich alles infrage stelle."*

40. *„Gib mir ein Abendritual mit KI-Unterstützung, um besser abzuschalten – inkl. Atemübung, Reflexion & Gedanke zum Einschlafen."*

Kategorie 5: Kreatives Schreiben & Ideen entwickeln

41. *„Schreibe eine kurze Geschichte über eine alleinerziehende Mutter, die sich selbstständig macht."*

42. *„Erfinde 3 Buchtitel für einen Ratgeber über Selbstliebe – poetisch, modern, emotional."*

43. *„Gib mir 10 Ideen für den ersten Satz eines Kinderbuchs über Mut."*

44. *„Schreibe eine Szene für ein Theaterstück über Geschwisterstreit – mit Pointe am Ende."*

45. *„Gib mir 5 Slogans für mein Herzensprojekt zum Thema 'Frauen stärken Frauen'."*

46. *„Hilf mir, ein fiktives Interview mit meiner Zukunftsversion zu schreiben – tiefgründig & hoffnungsvoll."*

47. *„Erstelle ein Reels-Skript zum Thema: 'Realität vs. Instagram bei Müttern' – ironisch & ehrlich."*

48. *„Gib mir 3 Ideen für TikTok-Videos, die auf humorvolle Weise das Elternsein zeigen."*

49. *„Schreibe einen Poetry-Slam-Text über das Chaos im Kopf – modern, rhythmisch, eindringlich."*

50. *„Formuliere 10 kreative Titelideen für eine Miniserie über KI im Alltag."*

Bonus: 10 Insider-Prompts für Fortgeschrittene (aber super einfach anwendbar)

Diese Prompts wirken wie kleine Geheimwaffen: Sie bringen Struktur, Tiefe, Klarheit – und zeigen, wie weit du ChatGPT wirklich führen kannst.

---

51. *„Analysiere bitte diesen Text auf versteckte emotionale Botschaften und gib mir 3 Verbesserungsvorschläge für mehr Wirkung."*

Für Coaches, Autoren, Redner – super zum Feintunen von emotionalen Texten.

---

52. *„Tu so, als wärst du mein innerer Kritiker – was würdest du an meiner Idee bemängeln? Sei ehrlich, aber konstruktiv."*

Für mutige Denker, die echte Weiterentwicklung wollen – dein ganz persönlicher Reality-Check.

---

53. *„Simuliere einen Perspektivwechsel: Wie würde ein 8-jähriges Kind mein Angebot sehen? Und wie eine 80-jährige Oma?"*

Für Content, der inklusiv und empathisch wirken soll – extrem hilfreich im Marketing und Storytelling.

54. *„Erstelle eine Anleitung, wie ich diesen Text so umformuliere, dass er für neurodivergente Menschen (z. B. ADHS/Autismus) zugänglicher ist."*

Kaum bekannt, aber maximal wertvoll in Bildung, Kommunikation und Inklusion.

---

55. *„Hilf mir, meine Idee in 3 Sätzen zu pitchen – einmal für Investoren, einmal für meine Oma, und einmal für Instagram."*

Super, um flexibel in verschiedenen Kommunikationskanälen zu denken – von seriös bis catchy.

---

56. *„Finde in meinem Text versteckte Metaphern – und gib mir neue, stärkere Bilder, die dieselbe Botschaft transportieren."*

Für Fortgeschrittene im Schreiben – bringt Tiefe und Originalität in Storytelling und Copywriting.

---

57. *„Simuliere ein Streitgespräch mit mir: Ich vertrete Position A, du bitte mit Nachdruck Position B – Ziel: neue Denkanstöße."*

Für Journalisten, Autoren, Coaches – dieser Prompt erweitert Perspektiven radikal.

---

58. *„Erkläre mir meine eigene Geschäftsidee in einer Version für Erstklässler – und finde so Lücken im Konzept."*

Brutal ehrlich, extrem hilfreich: Wenn du es Kindern erklären kannst, hast du es wirklich verstanden.

59. *„Erstelle mir aus diesem Text eine Triggerwarnung – präzise, einfühlsam, ohne zu übertreiben."*

Für sensible Themen wie Trauma, mentale Gesundheit, Verlust – kaum jemand macht das automatisiert. Du schon.

---

60. *„Tu so, als wärst du mein Zukunfts-Ich in 5 Jahren – gib mir einen Rat, den ich heute noch nicht hören will, aber sollte."*

Emotional tiefgehend, sehr selten genutzt – aber oft ein Gänsehaut-Moment.

Fazit dieses Kapitels:

- Du hast jetzt 50+ sofort nutzbare Prompts – für Beruf, Alltag, Kreativität und innere Entwicklung.

- Nutze sie **direkt** oder als **Vorlage für eigene Ideen.**

- Passe sie an, kombiniere sie, probiere verschiedene Rollen und Stile – **und du wirst merken, wie flexibel und mächtig KI wirklich ist.**

2.5 – So trainierst du deine KI wie einen Assistenten

Viele Menschen nutzen ChatGPT, als wäre es ein Zufallsgenerator:
Sie schreiben etwas, bekommen eine Antwort, sagen „Danke" – und schließen das Fenster.

Aber was, wenn ich dir sage:

Du kannst ChatGPT so einstellen, dass es **dich kennt**, **deinen Stil erkennt**, **deine Bedürfnisse antizipiert** – und sich anfühlt wie ein echtes Teammitglied?

Das ist nicht kompliziert. Du brauchst kein Tech-Wissen. Nur ein paar **smarte Tricks**, die fast niemand kennt – aber die du ab sofort nutzen kannst.

Wichtig vorab: ChatGPT ist keine lernende Persönlichkeit (aber du kannst sie formen)

Im Gegensatz zu dem, was viele denken, **lernt ChatGPT nicht automatisch aus euren Gesprächen**.
Aber: Es gibt Wege, wie du dafür sorgen kannst, dass es sich trotzdem **wie ein langfristiger Partner** anfühlt.

Wir nutzen dafür:

1. **Custom Instructions (benutzerdefinierte Anweisungen)**

2. **Systemnachrichten direkt im Prompt**

3. **Beispiel-Prompts als „Stil-Futter"**

4. **Wiederverwendbare Anker-Prompts (Memory-Simulation)**

5. **Tool-übergreifende Denkrahmen**

Lass uns das alles Schritt für Schritt durchgehen:

---

1. Custom Instructions – Dein KI-Profil hinterlegen (nur mit Login)

Wenn du ChatGPT mit Account nutzt (auch kostenlos), kannst du unter **„Benutzerdefinierte Anweisungen"** dauerhaft Informationen hinterlegen.

Frage an dich selbst:

- Wie soll ChatGPT mit dir sprechen? (locker, förmlich, duzend, sachlich?)

- Was sollte es immer über dich wissen? (z. B. du bist Coach, Mutter, Unternehmerin, kreativ, hast wenig Zeit ...)

So trägst du es ein:

- Öffne ChatGPT (am Desktop)

- Klicke unten links auf dein Profil

- Wähle: **Benutzerdefinierte Anweisungen**

- Trage dort alles ein, was du möchtest, dass die KI immer berücksichtigt

Tipp: Du kannst auch schreiben:

„Behandle mich wie deine Chefin. Arbeite effizient, frage lieber einmal mehr nach, bleib freundlich."

Effekt:
Egal, was du fragst – ChatGPT antwortet **automatisch in deinem Stil.**

---

2. Systemnachrichten – Deine KI gezielt „prägen"

Auch ohne gespeicherte Einstellungen kannst du jedes einzelne Gespräch mit einem „Regie-Befehl" starten – das nennt man **Systemnachricht.**

Beispiel:

„Ab sofort bist du mein persönlicher Content-Assistent. Du sprichst in modernem, lockeren Ton, nutzt kurze Absätze und lieferst bei jeder Antwort zuerst einen Überblick und dann eine Liste. Frag am Ende immer: 'Möchtest du eine Variante davon?'"

Das liest sich wie eine Spielregel – und genau das ist es auch.

Tipp: Du kannst diese Nachricht speichern und **immer wieder am Anfang von Gesprächen einsetzen.**
Du wirst merken: Die Antworten verändern sich deutlich.

3. Stil-Füttern – Gib der KI dein Vokabular

ChatGPT liebt Beispiele. Wenn du willst, dass es **in deinem Ton schreibt**, dann füttere es mit einem Text von dir.

Beispiel:

„Hier ist ein Text, den ich geschrieben habe. Bitte analysiere meinen Sprachstil. Danach: Formuliere zukünftige Texte in ähnlichem Tonfall."

Oder:

„Schreibe wie eine Mischung aus Brene Brown und Stefanie Stahl, aber mit lockerer Social-Media-Note."

Du kannst sogar sagen:

„Vermeide Schachtelsätze, nutze aktive Sprache, beginne Sätze gerne mit Verben."

Das ist wie das persönliche Briefing für deinen virtuellen Texter.

---

4. Anker-Prompts – Wie du eine Memory-Simulation baust

Wenn du mit der kostenlosen Version arbeitest (also ohne echtes Langzeitgedächtnis), kannst du dir deine „Gedächtnisstütze" selbst bauen – über sogenannte **Anker-Prompts**.

Beispiel:

„Ich bin Leni, 34, zweifache Mutter, selbstständig im Bereich Achtsamkeit & Online-Coaching. Ich habe wenig Zeit, bin aber sehr ideenreich. Bitte merke dir das in diesem Chat – und

formuliere alle Antworten so, als würdest du mich persönlich kennen."

Dann: **Starte deine Aufgaben immer im selben Chat-Fenster.**

Solange du denselben Gesprächsverlauf nutzt, **merkt sich die KI alles** – und du bekommst Antworten wie von einem langjährigen Assistenten.

---

5. Denkrahmen – Wie du die KI zu klügerem Denken bringst

Die meisten Menschen stellen eine Frage – und erwarten eine Antwort.
Aber: Wenn du der KI **eine Denkmethode vorgibst**, wird sie **besser und klarer antworten**.

Beispiele für Denkrahmen:

- „Denk bitte wie ein Berater: Erst die Frage analysieren, dann Lösungsvorschläge, dann Bewertung."

- „Antworte in 3 Phasen: Idee – Umsetzung – Verbesserung."

- „Gib mir bei jeder Antwort auch eine kreative Alternative, die nicht dem Standard entspricht."

Diese Art von Prompts machen aus ChatGPT **einen strukturierten Mitdenker.** Nicht nur einen Antwort-Bot.

Bonus: Der geheime Profi-Prompt

Wenn du wirklich wie ein Power-User arbeiten willst, nutze diesen Prompt am Anfang jeder Session:

„Ab sofort bist du mein persönlicher KI-Assistent. Du kennst meinen Stil (freundlich, direkt, klar), meine Lebenssituation (Mama, Unternehmerin, kreativ, wenig Zeit), und du arbeitest lösungsorientiert, prägnant und mit modernen Beispielen. Bevor du antwortest, überlegst du, welche Fragen du mir stellen solltest, um meine Aufgabe noch besser zu lösen. Antworte in Abschnitten mit Überschriften. Frage am Ende immer: 'Passt das für dich – oder soll ich es anpassen?"

Du wirst staunen, was dann passiert.

Fazit dieses Kapitels:

- **Du kannst ChatGPT wie einen persönlichen Assistenten formen.**

- Nutze Custom Instructions, Systemnachrichten, Beispieltexte und Denkrahmen.

- Je genauer du die KI führst, desto mehr fühlt sie sich an wie ein echter Team-Partner.

- Du musst nicht programmieren – **du brauchst nur Klarheit, Worte und Struktur.**

Kapitel 3 – Über 100 Beispiele: KI in deinem Alltag

3.1 – KI für dein Berufsleben

Maximale Wirkung mit minimalem Aufwand – und Prompts, die fast niemand kennt

---

1. Prompt: Der „Tone-Shifter" für heikle Mails

„Analysiere den folgenden Text auf ungewollte Schärfe, Untertöne oder emotionale Unausgewogenheit. Gib mir eine Version, die professionell, deeskalierend und gleichzeitig klar in der Botschaft ist."

Nutzen:

Dieser Prompt hilft dir, *kritische E-Mails zu entschärfen*, ohne weich zu werden – perfekt für Reklamationen, Kritik, Kündigungen oder Grenzsetzungen. Kaum bekannt, aber extrem kraftvoll im Businessalltag.

---

2. Prompt: Der „No-BS-Zusammenfasser"

„Fasse diesen Text in Bulletpoints zusammen – jeweils in einem Satz, ohne Buzzwords, Phrasen oder Floskeln. Ziel: Klarheit für gestresste Entscheider."

Nutzen:

Für Berichte, E-Mails oder Analysen, die auf den Punkt kommen sollen. Der Zusatz *„für gestresste Entscheider"* verändert den Ton radikal – und ist ein echter Geheimtipp für Klartext-Kommunikation.

---

3. Prompt: Der Selbstsabotage-Aufdecker

„Du bist mein Karriere-Coach. Welche Formulierungen in meinem Bewerbungsschreiben könnten unterschwellig Unsicherheit oder Rechtfertigung ausdrücken? Hilf mir, sie zu ersetzen."

Nutzen:
Du entdeckst unbewusste Muster, die deine Wirkung sabotieren – besonders wertvoll für Frauen, die sich oft „kleiner schreiben".

---

4. Prompt: Der „Konfliktsimulator"

„Simuliere ein Gespräch zwischen mir (Teamleitung) und einem Mitarbeiter, der regelmäßig Deadlines überzieht. Gib mir drei Szenarien: verständnisvoll, konfrontativ und lösungsorientiert – jeweils mit möglicher Reaktion."

Nutzen:
So kannst du schwierige Gespräche **üben, bevor du sie führst**. Du wirst ruhiger, klarer und handlungssicher – ein echter Gamechanger im Leadership.

5. Prompt: Die stille Visitenkarte

„Formuliere meine berufliche Mission in einem Satz, der auf eine Tasse, ein Notizbuch oder ein LinkedIn-Banner passen würde – emotional, markant, maximal 10 Wörter."

Nutzen:

So entwickelst du eine **prägnante Eigenmarke**, die hängen bleibt – ein Mini-Branding-Tool, das kaum jemand nutzt, aber unglaublich wirksam ist.

---

6. Prompt: Der Kompetenzübersetzer

„Ich war 7 Jahre in Elternzeit, habe aber ständig organisiert, kommuniziert und delegiert. Formuliere diese Zeit als Führungskompetenz – ohne Übertreibung, aber mit Stolz."

Nutzen:

Erlaubt dir, *Lebenszeit als Qualifikation sichtbar zu machen.* Gerade für Eltern, Quereinsteiger*innen* und Rückkehrer*innen* eine goldene Brücke.

---

7. Prompt: Der LinkedIn-Goldgräber

„Analysiere meinen letzten LinkedIn-Post. Gib mir ein neues Posting-Format, das persönlicher, interaktiver und für meine Zielgruppe (XY) besser funktioniert – inkl. Hook, Struktur und Call-to-Action."

Nutzen:

Damit lernst du, aus deinem Content **Wirkung statt Masse** zu machen. Kein typisches „poste was Nettes", sondern strategische Tiefe.

---

8. Prompt: Der Karriere-Kompass

„Tu so, als wärst du mein Karriere-Zukunfts-Ich in 5 Jahren. Was würde es mir heute raten, wenn ich Angst habe, mich beruflich zu verändern?"

Nutzen:
Ein reflektierender Prompt mit **emotionaler Tiefe**. Hilft bei Entscheidungskonflikten, Selbstzweifeln und Neuausrichtungen.

---

9. Prompt: Die Bullshit-Waschmaschine

„Finde alle Worthülsen in folgendem Business-Text und ersetze sie durch präzise, starke Sprache."

Nutzen:
Kein Blabla mehr – ideal für Webseiten, Präsentationen, Unternehmenskommunikation. Dieser Prompt poliert deinen Auftritt radikal.

---

10. Prompt: Der Pitch-Test

„Gib mir eine kritische Rückmeldung zu diesem Pitch – aus Sicht eines skeptischen Investors, eines ungeduldigen Kunden und eines loyalen Fans. Wo hakt es jeweils?"

Nutzen:
Du bekommst **360-Grad-Feedback**, bevor du in echte

Gespräche gehst – oft schmerzlich ehrlich, aber unfassbar hilfreich.

---

11. Prompt: Der „High-Value-Post-Ersteller"

„Erstelle einen LinkedIn-Post zum Thema XY, der mit einem mutigen Statement beginnt, dann eine persönliche Anekdote erzählt und am Ende eine reflektierende Frage stellt."

Nutzen:
Das ist **Content, der Gespräche auslöst statt Likes einsammelt**. Perfekt für Personal Branding und Thought Leadership.

---

12. Prompt: Der Werte-Decoder

„Welche 3 Grundwerte spiegeln sich unbewusst in diesem Text wider – und wie kann ich sie in meinem beruflichen Auftreten stärker sichtbar machen?"

Nutzen:
Lässt dich **authentischer und konsistenter auftreten**, weil du deine Werte in Sprache übersetzt.

---

13. Prompt: Der „Empathie-Filter"

„Lies diesen Text aus der Sicht einer Person, die gerade emotional überfordert ist. Was wirkt tröstlich? Was könnte als Druck wahrgenommen werden?"

Nutzen:
Unersetzlich für alle, die in **Coaching, HR oder sensiblen**

Themen arbeiten – KI kann dir helfen, deine Sprache menschlicher zu machen.

---

14. Prompt: Der Einstiegssatz-Finder

„Gib mir 5 Einstiegssätze für einen Text über XY, die Leser sofort emotional berühren, neugierig machen oder überraschen – jeweils mit kurzer Erklärung, warum sie wirken."

Nutzen:

Du bekommst **dramatisch bessere Texte**, weil der Einstieg immer entscheidet, ob jemand weiterliest. Ein Geheimtipp für Texte mit Wirkung.

---

15. Prompt: Der Überlastungsdetektor

„Erstelle eine Woche To-do-Liste aus meinen Aufgaben und markiere alle, die ich delegieren, automatisieren oder eliminieren könnte – mit Begründung."

Nutzen:

Klarheit + Entlastung = mehr Fokus. Dieser Prompt spart dir nicht nur Zeit – er schenkt dir *mentale Freiheit*.

Fazit zu Kapitel 3.1:

- Diese 15 Prompts sind **mehr als Tools** – sie sind Denkwerkzeuge, Spiegel und Sprachverstärker.

- Viele davon nutzen selbst erfahrene KI-Anwender nicht – weil sie zu speziell wirken. Doch gerade das macht sie so stark.

- Wenn du nur 3–4 davon regelmäßig verwendest, wirst du merken: **Du arbeitest strukturierter, wirkungsvoller und entspannter.**

3.2 – KI in der Familie & im Alltag

15 geniale, oft unbekannte Prompts für Organisation, Leichtigkeit und emotionale Entlastung im Familienleben

---

Du bist Mama oder Papa, jonglierst Alltag, Haushalt, Kinder, Termine – und wünschst dir, **dass jemand mitdenkt, sortiert, Formulierungen übernimmt oder kreative Ideen liefert?** Genau dafür ist KI da.

Aber nicht mit 08/15-Prompts, sondern mit solchen, die dir **wirklich Arbeit abnehmen**, emotionale Entlastung bringen und überraschend gute Lösungen liefern.

---

1. Prompt: Der „Mental-Load-Erkenner"

„Ich schreibe dir jetzt stichpunktartig, was ich in einer Woche als Mama erledige. Fasse das strukturiert zusammen, gruppiere es nach Bereichen – und zeige mir, welche Aufgaben ich abgeben, delegieren oder streichen könnte."

Nutzen:
Dieser Prompt hilft dir, **den unsichtbaren Mental Load sichtbar zu machen** – und ihn aktiv zu reduzieren. Er schafft Klarheit, oft sogar Erleichterung und Staunen.

2. Prompt: Der Familienzeit-Ersteller

„Erstelle 5 Ideen für gemeinsame Familienzeit am Abend, die kostenlos, unkompliziert und maximal 30 Minuten lang sind – für Eltern mit 2 Kindern (3 & 6 Jahre)."

Nutzen:
Der Prompt schenkt dir **alltagstaugliche Verbindungsmomente** – ohne viel Planung. Gerade abends Gold wert.

3. Prompt: Der „Kindgerechte-Erklärungs-Profi"

„Hilf mir, meinem Kind (5 Jahre) zu erklären, warum wir abends das Tablet ausschalten – liebevoll, aber klar, mit kindgerechtem Vergleich."

Nutzen:
Du bekommst **sprachlich passende, liebevolle Erklärhilfen**, die Diskussionen entspannen und Verständnis fördern.

4. Prompt: Der Wochenplaner für überforderte Tage

„Erstelle einen flexiblen Wochenplan mit nur 3 Hauptpunkten pro Tag – für eine Mutter mit Kindern, die keine Lust auf starre Zeitpläne hat, aber mehr Übersicht braucht."

Nutzen:
Schafft **Struktur ohne Druck**. Für alle, die sich nach Ordnung sehnen, aber starre To-do-Listen hassen.

5. Prompt: Der „Herztext"-Brief

„Schreibe einen kurzen, berührenden Brief an mein Kind, in dem ich ausdrücke, wie stolz ich bin – bitte so, dass ich ihn vorlesen kann, ohne zu weinen."

Nutzen:
Ein Schatz fürs Herz – der Prompt hilft dir, **Gefühle in Worte zu fassen**, die sonst schwer auszusprechen sind.

---

6. Prompt: Der Geschenkideen-Spezialist

„Gib mir 5 kreative, persönliche Geschenkideen für den Kindergartenabschied, die wenig kosten, aber in Erinnerung bleiben."

Nutzen:
Vergiss Pinterest-Overload. Die KI denkt **kreativ, praktisch und persönlich – in Sekunden.**

---

7. Prompt: Der „Grenzen-kommunizieren-Helfer"

„Formuliere eine WhatsApp an die Schwiegermutter, in der ich höflich, aber klar sage, dass unangekündigte Besuche für uns nicht funktionieren."

Nutzen:
Dieser Prompt bewahrt **Beziehungen UND Grenzen** – etwas, das vielen schwerfällt.

8. Prompt: Der Kita-Formulierungshack

„Formuliere eine Nachricht an die Kita, weil mein Kind heute emotional instabil ist, aber keine körperlichen Symptome hat – empathisch und offen."

Nutzen:
Hilft, **Eltern-Gefühle klar zu kommunizieren**, ohne sich rechtfertigen zu müssen.

---

9. Prompt: Der Spielideen-Retter

„Gib mir 10 Spielideen für drinnen, bei denen meine Kinder (3 & 6) gemeinsam beschäftigt sind – ohne Bildschirm und mit wenig Aufräumaufwand."

Nutzen:
Spart Nerven – und zaubert oft neue Lieblingsspiele herbei.

---

10. Prompt: Der Haushalts-Kooperationsplaner

„Erstelle eine einfache Aufgabenverteilung für Kinder (3 & 6), wie sie im Haushalt helfen können – altersgerecht, motivierend, spielerisch."

Nutzen:
Macht aus Chaos Kooperation – **spielerisch und realistisch.**

11. Prompt: Der Notfall-Menü-Ersteller

„Gib mir 5 gesunde Abendessenideen, die ich aus Resten und Basiszutaten machen kann – max. 15 Minuten, wenig Abwasch."

Nutzen:

Perfekt für müde Eltern mit leeren Nerven und vollem Kühlschrank-Chaos.

---

12. Prompt: Der Streitlösungs-Vorschlag

„Hilf mir, einen Satz zu formulieren, mit dem ich bei meinen Kindern in einen Streit eingreifen kann, ohne Partei zu ergreifen – deeskalierend, wertschätzend."

Nutzen:

Ein Sprach-Tool für **mehr Frieden im Kinderzimmer**, ohne Kampf oder Schuldzuweisung.

---

13. Prompt: Der „Mama-darf-nein-sagen"-Formulierungshilfe

„Gib mir 3 Formulierungen für ein Nein zu einer Verabredung, das ehrlich, freundlich und ohne schlechtes Gewissen klingt."

Nutzen:

Stärkt Mamas Rückgrat – **ohne Beziehungsschäden**.

14. Prompt: Der Anti-Überforderung-Impuls

„Gib mir einen Satz, den ich mir selbst sagen kann, wenn ich mich als Mutter überfordert und wertlos fühle – stärkend, realistisch, ohne toxische Positivität."

Nutzen:
Seelenpflege. Nicht für die Kinder – **sondern für dich.**

---

15. Prompt: Der Familien-Manifest-Generator

„Formuliere in 5 Sätzen ein Manifest für unsere Familie, das unsere Werte ausdrückt – mit Fokus auf Liebe, Freiheit und Vertrauen."

Nutzen:
Ein wunderschönes Tool für Eltern, die ihren Alltag **bewusster und wertebasiert gestalten** möchten.

Fazit 3.2:

- Diese Prompts geben dir nicht nur Erleichterung – sie schenken dir **Klarheit, Verbindung und Selbstwirksamkeit.**

- Viele davon sind **emotional tief, reflektiert und überraschend kreativ** – perfekt für moderne Familien.

- Du kannst sie direkt übernehmen oder als Inspiration nutzen, um deinen eigenen Stil zu finden.

3.3 – KI für Kreative & Selbstständige

15 kraftvolle, kreative Prompts für Content, Ideenfindung, Positionierung und Sichtbarkeit

---

Wenn du kreativ oder selbstständig arbeitest, weißt du:
Ideen sind nur die halbe Miete – du brauchst auch Klarheit, Struktur, Positionierung, Sichtbarkeit und oft: Inhalte.
Dieses Kapitel liefert dir **15 besonders clevere Prompts**, die dir helfen, **deinen Stil zu schärfen, sichtbar zu werden und dich von der Masse abzuheben.**
Alle Prompts kommen mit einem klaren Nutzen – viele davon nutzen selbst Profis nicht.

---

1. Prompt: Der Stil-Kloner

„Hier ist ein Text, der meinen Schreibstil gut trifft. Analysiere ihn bitte und gib mir eine Prompt-Vorlage, mit der ich künftig Texte in diesem Stil von dir erstellen lassen kann."

Nutzen:
Damit wird ChatGPT zu deinem **Ghostwriter im eigenen Stil** – ein geniales Tool für regelmäßige Contentproduktion, die nach dir klingt.

---

2. Prompt: Der „Zielgruppen-Denker"

„Beschreibe meine Zielgruppe nicht mit demografischen Daten, sondern mit ihren heimlichen Sehnsüchten, inneren Kämpfen und typischen Alltagssituationen – emotional & bildhaft."

Nutzen:

So entsteht **echtes Zielgruppenverständnis**, nicht nur leeres Marketing-Bla.

---

3. Prompt: Der Angebots-Schärfer

„Hier ist mein aktuelles Angebot (kurz beschrieben). Was fehlt, um daraus ein unwiderstehliches Transformationserlebnis zu machen? Denk wie ein Copywriter & Coach gleichzeitig."

Nutzen:

Lässt dich aus einem „Produkt" ein **echtes Versprechen mit emotionaler Wucht** machen.

---

4. Prompt: Der 3-Welten-Post

„Erstelle mir einen Instagram-Post zum Thema XY, der mit einem persönlichen Aha-Moment startet, dann Fachwissen liefert und mit einer aktivierenden Frage endet – bitte in meinem Stil (XYZ)."

Nutzen:

Strukturierter, wirkungsvoller Content, der **emotional + fachlich + interaktiv** ist. Die 3-Welten-Formel ist ein echter Gamechanger.

5. Prompt: Der Preis-Erklärer

„Formuliere eine Erklärung, warum mein Coaching 300 € kostet – nicht rechthaberisch, sondern auf Augenhöhe, mit Fokus auf Wert, Tiefe und Ergebnis."

Nutzen:
Hilft dir, deinen Preis zu **kommunizieren, statt zu rechtfertigen**.

---

6. Prompt: Der USP-Schärfer

*„Hilf mir, mein Alleinstellungsmerkmal so zu formulieren, dass es nicht über mich spricht – sondern über das, was meine Kundinnen danach fühlen, können oder erleben."**

Nutzen:
Macht aus *Features* echte **emotionale Benefits** – unverzichtbar im Selbstmarketing.

---

7. Prompt: Der Launch-Vorbereitungs-Coach

„Simuliere mit mir einen Produkt-Launch: Welche Fragen sollte ich mir stellen, bevor ich damit rausgehe – aus Sicht von Käufer, Zweifler, Fan & Kritiker?"

Nutzen:
Erspart dir **teure Fehler und blinde Flecken** – fast wie ein Sparringpartner.

8. Prompt: Der Creative-Ad-Skript-Ersteller

„Gib mir ein Werbevideo-Skript für Instagram (max. 30 Sek), das mit einem Problem startet, eine Wendung hat und dann mein Angebot als Lösung zeigt – im Stil einer Story, nicht wie Werbung."

Nutzen:
Erzeugt **authentische Reels & Ads**, die Menschen wirklich anschauen – ohne laut oder kitschig zu sein.

---

9. Prompt: Der Feedback-Verschärfer

„Tu so, als wärst du mein ärgster Fan, dann als mein härtester Kritiker. Was würdest du an meiner aktuellen Angebotsseite lieben – und was als völlig unklar oder überflüssig empfinden?"

Nutzen:
Hol dir **ehrliches, differenziertes Feedback**, ohne echte Menschen bitten zu müssen. Und oft sogar ehrlicher.

---

10. Prompt: Der Contentplan nach Energie

„Erstelle mir einen 10-Tage-Contentplan, sortiert nach Tagesform: 3 Beiträge für 'voller Energie', 3 für 'leicht gestresst', 3 für 'overwhelmed', 1 für 'keine Lust, aber ich will sichtbar bleiben'."

Nutzen:
Contentplanung nach Energiezustand – **radikal ehrlich, maximal machbar.**

11. Prompt: Der Value-Finder

„Ich hab diese Podcastfolge aufgenommen (Inhalt skizzieren). Bitte finde 5 Zitate oder Erkenntnisse daraus, die ich in Posts umwandeln kann – jeweils mit kurzer Einleitung und Call-to-Action."

Nutzen:

Macht aus **einem Stück Content fünf**, die wirken – Zero-Waste-Marketing.

---

12. Prompt: Der Kooperations-Matcher

*„Gib mir 5 Vorschläge für kreative Mikro-Influencer oder Unternehmer*innen, mit denen ich kooperieren könnte – auf Basis meines Themas XY. Erkläre auch, warum das jeweils passt."**

Nutzen:

Strategischer Partneraufbau – ohne Kaltakquise, aber mit Ziel.

---

13. Prompt: Der Angebot-in-1-Satz-Finder

„Formuliere mein Angebot so, dass es in einem Satz erklärt, was es bewirkt – ohne Fachsprache, ohne Features, nur durch das Gefühl danach."

Nutzen:

Essenz auf den Punkt bringen – ideal für Websites, Bios & Elevator Pitches.

14. Prompt: Der Signature-Format-Finder

„Ich möchte ein eigenes Content-Format kreieren (z. B. '5-Sekunden-Reminder', 'Mini-Monday-Motivation'). Gib mir 10 Ideen, die zu meinem Stil und Thema passen – bitte mit Hook & Wiedererkennungswert."

Nutzen:

So entsteht eine **eindeutige Handschrift in deinem Content**, die Wiedererkennung schafft – und Positionierung stärkt.

---

15. Prompt: Der kreative Burnout-Checker

„Ich fühle mich blockiert. Bitte stell mir 3 kluge Fragen, die mir helfen könnten zu erkennen, ob ich gerade kreative Pause brauche – oder ob ich mich nur selbst boykottiere."

Nutzen:

Sanft, ehrlich, erkenntnisreich – wie ein **Selbstcoaching für Klarheit statt Druck.**

Fazit 3.3:

- Diese Prompts gehen weit über klassisches „Social-Media-machen" hinaus – sie helfen dir, **Identität, Kommunikation und Strategie zu schärfen.**

- Du bekommst Content, Klarheit und Coaching in einem – alles aus der KI, **wenn du clever fragst.**

- Nutze diese 15 Tools wie ein Business-Upgrade – und du wirst sehen: **Selbstständigkeit darf kraftvoll UND leicht sein.**

3.4 – KI für dein Mindset & deine Ziele

15 tiefgehende, stärkende Prompts für Selbstreflexion, Klarheit und emotionale Resilienz

Künstliche Intelligenz kann mehr als Text. Sie kann dir helfen, **klarer zu denken, dich besser zu verstehen und dich selbst immer wieder zurück in deine Kraft zu holen.**
Dafür brauchst du nur die richtigen Fragen – und genau dafür ist dieses Kapitel da.

---

1. Prompt: Der Selbstzweifel-Übersetzer

„Ich habe gerade diesen Gedanken: 'Ich bin nicht gut genug'. Bitte hilf mir, ihn umzuschreiben – nicht toxisch positiv, sondern sanft, realistisch und stärkend."

Nutzen:
Perfekt, wenn du in einer Abwärtsspirale steckst. ChatGPT hilft dir, **einen neuen inneren Ton** zu entwickeln – ohne Druck.

---

2. Prompt: Der „Ich-bin-verloren"-Kompass

„Stell mir bitte 5 tiefe Reflexionsfragen, wenn ich nicht weiß, was ich will – aber merke, dass ich so nicht weitermachen will."

Nutzen:
Diese Fragen sind wie ein **navigierender innerer Spiegel.** Du bekommst keine Lösung – aber den Weg dorthin.

3. Prompt: Der Selbstwert-Scan

„Ich beschreibe dir kurz meine aktuelle Lebenssituation. Bitte hilf mir zu erkennen, wo ich bereits stark bin – auch wenn es sich nicht so anfühlt."

Nutzen:
Gegen das Gefühl, nie genug zu sein. Dieser Prompt **zeigt dir das, was du oft übersiehst.**

---

4. Prompt: Der sanfte Realitätscheck

„Ich habe Angst, dass ich versage, wenn ich XY mache. Bitte hilf mir, diesen Gedanken rational, liebevoll und klar zu prüfen."

Nutzen:
Kombiniert **kognitive Umstrukturierung mit emotionaler Intelligenz** – ein psychologisches Coaching, ohne zu belehren.

---

5. Prompt: Der Ziel-Filter

„Hier sind 3 Dinge, die ich gerne erreichen würde. Bitte analysiere, welches davon wirklich zu meinen Werten passt – und welches ich vielleicht nur will, um jemandem etwas zu beweisen."

Nutzen:
Radikal ehrlich – aber sehr hilfreich, wenn du nicht „fremdbestimmt" deine Ziele verfolgen willst.

6. Prompt: Der Selbstmotivierer

„Formuliere eine motivierende Nachricht an mein Zukunfts-Ich in 6 Monaten – als hätte ich es geschafft, an mich zu glauben und dranzubleiben."

Nutzen:
Ein Reminder mit Gänsehaut-Faktor. Kannst du dir speichern oder ausdrucken.

---

7. Prompt: Der innere Kritiker im Interview

„Tu so, als wärst du mein innerer Kritiker. Was würdest du mir sagen – und wie könnte ich liebevoll und kraftvoll darauf antworten?"

Nutzen:
Ein tiefes Dialogformat – **ideal für Persönlichkeitsentwicklung & Coachingarbeit.**

---

8. Prompt: Der Visionboard-Text

„Beschreibe mein ideales Leben in 3 Jahren – nicht wie ein Märchen, sondern wie eine realistische, mutige Version meiner selbst."

Nutzen:
Perfekt als Basis für Visionboard, Journaling oder Entscheidungsfindung.

9. Prompt: Der Affirmationen-Optimierer

„Gib mir 5 Affirmationen, die nicht nach Kalenderspruch klingen, sondern wirklich tief wirken – für Mut, Klarheit und Selbstführung."

Nutzen:
Modern, kraftvoll, alltagstauglich – **kein Kitsch, sondern Klarheit.**

---

10. Prompt: Der „Wenn alles zu viel ist"-Reset

„Formuliere einen einzigen Satz, den ich mir sagen kann, wenn ich überfordert bin, aber trotzdem weitermachen muss – ehrlich, stärkend, ohne Druck."

Nutzen:
Ein Sofortanker für stressige Situationen – **wie ein mentales Pflaster.**

---

11. Prompt: Der Werte-Sortierer

„Gib mir 10 Begriffe, die Menschen mit meinem Lebensstil oft als wichtige Werte empfinden – und hilf mir, die 3 zu finden, die wirklich mich leiten."

Nutzen:
Ein Kompass für Entscheidungen – auch gut als Grundlage für Coaching, Positionierung oder Neuorientierung.

12. Prompt: Der „Warum-mache-ich-das"-Reflektor

„Hilf mir, mein aktuelles Projekt (XY) auf seinen wahren inneren Antrieb zu hinterfragen – mit 3 Fragen und einer Deutung."

Nutzen:
Verhindert blinden Aktionismus. Führt dich **zur echten Motivation unter der Oberfläche.**

---

13. Prompt: Der Entscheidungsklärer

„Ich stehe zwischen zwei Entscheidungen. Bitte stelle mir eine Abwägung in einer Tabelle gegenüber – mit emotionalem, praktischem und langfristigem Blick."

Nutzen:
Besser als Pro & Contra – **ganzheitlich, strukturiert und reflektiert.**

---

14. Prompt: Der tägliche Mini-Check-In

„Gib mir jeden Morgen 3 einfache Fragen für ein schnelles, aber tiefes Journaling – Fokus: Präsenz, Kraft, Klarheit."

Nutzen:
Die perfekte 5-Minuten-Routine für Selbstführung – auch als Sprachmemo nutzbar.

15. Prompt: Der Mindset-Upgrade-Text

„Formuliere einen kurzen, starken Text für meine Wand, der mich daran erinnert, dass ich nicht klein denken muss – aber auch nichts beweisen muss."

Nutzen:
Eine neue innere Haltung – **sowohl mutig als auch sanft.**

Fazit 3.4:

- Diese Prompts sind kein Ersatz für Therapie – aber **eine starke Begleitung für dein persönliches Wachstum.**

- Du bekommst Klarheit, Perspektive, Tiefe – **und immer einen liebevollen Spiegel.**

- Nutze sie zum Journaling, Nachdenken, Innehalten oder als Mini-Coaching-Impulse.

3.5 – KI im Studium & Lernen

15 smarte Prompts – von Lernhilfe bis „fast schon cheaterei"

Lernen bedeutet oft: zu viel Stoff, zu wenig Zeit.

Hier kommt KI ins Spiel – nicht als Ersatz fürs Denken, aber als Turbo für **Verstehen, Strukturieren, Wiederholen, Anwenden**. Und ja: In diesem Kapitel bekommst du auch ein paar **clevere Grauzonen-Prompts**, die dir Aufgaben so weit abnehmen, dass sie wie Magie wirken – ohne moralisch abzustürzen.

---

1. Prompt: Der Turbo-Zusammenfasser

„Fasse diesen wissenschaftlichen Text auf 10 Bulletpoints zusammen – bitte in verständlicher Sprache für Studienanfänger."

Nutzen:
Ideal bei Fachtexten, in denen du sonst dreimal einpennst. Du sparst Zeit und bekommst **klar strukturierte Infos zum Mitschreiben oder Einprägen.**

---

2. Prompt: Der Prüfungsfragen-Ersteller

„Erstelle mir auf Basis dieses Vorlesungstexts 5 mögliche Prüfungsfragen im Multiple-Choice-Format – inklusive richtiger Antwort und Begründung."

Nutzen:
Du trainierst genau das, was **wahrscheinlich in der Klausur**

abgefragt wird – besonders nützlich für Wirtschafts-, Sozial- und Rechtswissenschaften.

---

3. Prompt: Der „Mir ist alles zu viel"-Retter

„Hier sind die Themen, die ich bis zur Prüfung lernen muss. Bitte erstell mir einen Lernplan mit 2 Stunden Lernzeit pro Tag – inklusive Pausen und Wiederholungsschleifen."

Nutzen:

Sofort mehr Struktur. Du bekommst **einen klaren, realistischen Fahrplan**, ohne Planungspanik.

---

4. Prompt: Der Ghost-Gliederer

„Ich muss ein Essay zu Thema XY schreiben. Bitte gib mir eine Gliederung mit Einleitung, Hauptpunkten und Fazit – logisch aufgebaut und mit kurzen Stichworten, was ich jeweils schreiben könnte."

Nutzen:

Ein klarer Graubereich – du schreibst noch selbst, aber **KI macht die Struktur und gibt das inhaltliche Gerüst vor**. Effekt: Du kannst sofort loslegen.

5. Prompt: Der Wiederholungs-Mentor

„Stelle mir zu Thema XY 10 Verständnisfragen, die in einem mündlichen Prüfungsgespräch auftauchen könnten – mit kurzen, klaren Modellantworten."

Nutzen:
Du trainierst **Antworten auf Professor:innen-Niveau** – ideal für Fachgespräche, Prüfungen, Referate.

---

6. Prompt: Der wissenschaftliche Übersetzer

„Erkläre mir diesen Absatz aus einem Fachbuch bitte wie für einen 14-Jährigen – mit einfachem Beispiel und klarer Definition."

Nutzen:
Wenn du zuhörst, aber nichts verstehst – das ist dein Lifesaver. **Wissen verständlich gemacht.**

---

7. Prompt: Der APA-Automat

„Hier sind 3 Quellenangaben in chaotischer Form. Bitte bring sie ins korrekte APA-Zitationsformat (7. Auflage)."

Nutzen:
Ein echter Gamechanger, wenn es schnell gehen muss – **legal, korrekt, stressfrei.**

8. Prompt: Der Essay-Optimierer

„Lies diesen Textauszug. Welche Aussagen wirken schwach, vage oder unlogisch? Gib mir Verbesserungsvorschläge mit Begründung."

Nutzen:
Wie ein kostenloser Lektor – **KI zeigt dir, wo deine Argumentation knirscht**, ohne deinen Stil zu zerstören.

---

9. Prompt: Der „Bücherspar-Prompt"

„Gib mir eine Zusammenfassung des Buchs 'XY', Kapitel für Kapitel – mit Fokus auf Hauptaussagen, Argumentationsstruktur und Fachbegriffen."

Nutzen:
Ja, das ersetzt das Lesen nicht – **aber du bekommst eine Inhaltsbasis, die dir stundenlanges Blättern erspart.** (Je nach Buch legal prüfen.)

---

10. Prompt: Der Quellen-Detektiv

„Ich schreibe über Thema XY. Bitte gib mir 5 seriöse Quellen (inkl. Titel, Jahr, grober Inhalt), die ich in meiner Arbeit erwähnen könnte – mit Fokus auf aktuelle Forschung."

Nutzen:
Ein massiver Vorteil – du bekommst **Fundament für dein Literaturverzeichnis**, ohne Google-Sumpf.

11. Prompt: Der Klausur-Vorbereitungs-Coach

„Ich hab am Freitag Klausur in XY. Gib mir eine Checkliste, was ich vorher wiederholen, üben, klären und vorbereiten sollte – in klarer Reihenfolge."

Nutzen:
Mehr Fokus, weniger Panik. Du bekommst einen **Mentalplan statt Zettelchaos.**

---

12. Prompt: Der Verständnis-Booster

„Hier ist eine Theorie (XYZ). Bitte erkläre sie mir mit einer passenden Metapher aus dem Alltag – gern kreativ und einprägsam."

Nutzen:
Wenn du's **bildlich verstehst, vergisst du's nicht.** Top-Prompt für Präsentationen & Lerntiefe.

---

13. Prompt: Der „Stimmt das überhaupt?"-Prüfer

„Hier ist meine Argumentation zu Thema XY. Prüfe bitte auf Logik, Fehlschlüsse oder Denkfehler – und gib mir Alternativen."

Nutzen:
Mehr als korrekt schreiben – du lernst, **richtig denken und argumentieren.**

14. Prompt: Der schüchterne Fragensteller

„Ich hab diese Frage zur Vorlesung, aber traue mich nicht zu fragen. Formuliere sie professionell und höflich, so als würde ich sie per E-Mail an den Prof schicken."

Nutzen:
Hilft bei Selbstzweifeln & stiller Verzweiflung – und schafft oft **wichtige Aha-Momente.**

---

15. Prompt: Der Seminararbeits-Vorschub

„Ich schreibe eine 12-seitige Hausarbeit über XY. Bitte gib mir ein mögliches Kapitel 1 – Einleitung & Hintergrund – in ca. 300 Wörtern, wissenschaftlich formuliert, als Rohtext zum Überarbeiten."

Nutzen:
Ein echter Grauzonen-Booster. **Kein Plagiat, aber klar: das spart viel Hirnschmalz.** Wenn du fair bleibst, perfekter Kickstart.

Fazit 3.5:

- Diese Prompts machen dein Studium **schneller, strukturierter und sicherer.**

- Manche sind fast „zu gut", um fair zu sein – aber wenn du sie **als Hilfe, nicht als Ersatz** nutzt, sind sie Gold wert.

- Merke dir: **KI kann dir die Struktur geben, aber denken musst du selbst.**
  Aber hey – mit diesen Tools **denkt es sich leichter.**

3.6 – KI für Finanzen & Organisation

15 geniale Prompts für Geld, Planung, Überblick und smarte Strukturen

---

Ob private Haushaltsplanung, Business-Budget, Excel-Hilfe oder Verträge verstehen:
Künstliche Intelligenz kann dir **komplexe Zusammenhänge vereinfachen**, dir **finanzielle Klarheit verschaffen** – und dir helfen, Ordnung ins Chaos zu bringen.
In diesem Kapitel findest du **15 hochwirksame Prompts**, die dir **Zeit, Nerven und Geld sparen** – oft mit Lösungen, die du allein gar nicht suchen würdest.

---

1. Prompt: Der Budget-Gestalter

„Hilf mir, einen einfachen Monatsbudgetplan zu erstellen – inklusive Fixkosten, flexibler Ausgaben und Sparziel. Ich verdiene 2.400 € netto, bin alleinstehend, lebe in einer Großstadt."

Nutzen:
Eine klare Struktur, **übersichtlich & realistisch** – ohne komplizierte Tools oder Finanzcoaches.

---

2. Prompt: Der „Wo-ist-mein-Geld"-Detektiv

„Erstelle eine Liste typischer Mini-Ausgaben, die sich unbemerkt summieren – sortiert nach Dringlichkeit, auf die man verzichten könnte."

Nutzen:

Hilft dir, **Sparpotenziale zu entdecken, die du im Alltag übersiehst.** Ideal für Monatsanfang oder Sparvorhaben.

---

3. Prompt: Der Sparziel-Motivator

„Ich möchte für einen Urlaub 1.200 € sparen. Bitte gib mir 5 kreative Spartipps, die nicht mit Verzicht zu tun haben – sondern mit smarter Umverteilung und Bonusideen."

Nutzen:

Du bekommst **neue Denkansätze**, wie du mit Leichtigkeit und Motivation Geld beiseitelegen kannst.

---

4. Prompt: Der Vertrags-Entwirrer

„Hier ist ein Textauszug aus einem Handyvertrag. Bitte erkläre mir, was das rechtlich und finanziell bedeutet – in einfacher Sprache."

Nutzen:

Du verstehst endlich, was in Verträgen steht – **ohne Jurastudium oder Unsicherheit.**

---

5. Prompt: Der Haushaltsrollen-Verteiler

„Gib mir eine faire und entspannte Aufgabenverteilung für den Haushalt in einer Partnerschaft mit 2 Kindern – inkl. wöchentlicher Routinen."

Nutzen:
Mehr Fairness, weniger Streit – **Haushalt neu gedacht mit smarter KI-Hilfe.**

---

6. Prompt: Der Vertragsvergleichs-Coach

„Ich schwanke zwischen zwei Versicherungsangeboten. Bitte gib mir eine Vergleichstabelle mit den wichtigsten Kriterien, anhand derer ich eine Entscheidung treffen kann."

Nutzen:
Erspart dir den Vergleichs-Wahnsinn – **KI sortiert, du entscheidest.**

---

7. Prompt: Der Alltags-Stromsparer

„Gib mir 10 unscheinbare Alltagsroutinen, bei denen ich Strom oder Wasser sparen kann – ohne großen Aufwand oder Komfortverlust."

Nutzen:
Sofort bares Geld gespart – oft mehr als erwartet. Und ganz ohne Verzicht.

---

8. Prompt: Der Fristen-Kalender-Planer

„Erstelle einen Jahreskalender mit typischen Bürokratie-Deadlines: Steuer, Versicherungen, Verträge, Kindergartenanmeldung etc."

Nutzen:

Du bekommst **alle Fristen im Blick**, ohne je wieder zu spät zu sein.

---

9. Prompt: Der Einkaufskosten-Brecher

„Gib mir 5 Strategien, wie ich beim Wocheneinkauf 20 % spare, ohne weniger zu kaufen – mit Beispielen für Denkfehler beim Einkaufen."

Nutzen:

Nicht nur Tipps – **du bekommst eine Denkstrategie**, die langfristig Wirkung zeigt.

---

10. Prompt: Der „Excel-für-Dummies"-Erklärer

„Ich will eine Excel-Tabelle erstellen, die meine Einnahmen und Ausgaben automatisch aufsummiert – bitte erkläre mir Schritt für Schritt, wie ich das mache."

Nutzen:

Kein YouTube-Video nötig – die KI erklärt **einfach & direkt, auf deinen Kenntnisstand abgestimmt.**

---

11. Prompt: Der To-do-Überblick

„Ich schreibe dir jetzt alles, was ich erledigen muss. Bitte sortiere es in: 'sofort', 'später', 'delegieren', 'vergessen'."

Nutzen:
Mentale Entlastung pur – du bekommst **Priorisierung und Klarheit**, ohne selber sortieren zu müssen.

---

12. Prompt: Der Zeitfresser-Analyst

„Hilf mir, meine Alltagsroutinen zu analysieren: Wo verliere ich Zeit, die ich besser nutzen könnte – ohne Stress?"

Nutzen:
Weniger Zeit verlieren – **mehr Freiraum gewinnen.**

---

13. Prompt: Der Ordnung-ohne-Überforderung-Plan

„Ich will unsere Wohnung entrümpeln. Bitte gib mir einen 5-Tage-Plan mit je 30 Minuten Aufwand, der sichtbare Ergebnisse bringt."

Nutzen:
Endlich Klarheit im Zuhause – ohne Überforderung, mit kleinen Etappen.

---

14. Prompt: Der Wochenplan-Kombinator

„Erstelle mir einen flexiblen Wochenplan, der Haushalt, Arbeit, Familienzeit und Me-Time kombiniert – in Blöcken, nicht Uhrzeiten."

Nutzen:
Mehr Balance, weniger Druck. Perfekt für Menschen, die **strukturieren wollen, aber keine starren Pläne mögen.**

15. Prompt: Der Finanz-Mindset-Coach

„Ich glaube oft, dass ich nie genug habe. Bitte gib mir eine mentale Umprogrammierung in Form von 3 klaren Glaubenssatz-Alternativen – realistisch, stärkend, geldfreundlich."

Nutzen:
Nicht nur Tools, sondern auch Mindset. Denn: **Ordnung im Geld beginnt im Kopf.**

Fazit 3.6:

- Finanzen & Organisation wirken trocken – aber mit KI **werden sie leicht, clever und alltagstauglich.**

- Viele dieser Prompts schenken dir mehr **Klarheit, Selbstvertrauen und Spielraum im Alltag.**

- Ob Tabellen, Struktur oder inneres Ordnung machen – **du kannst sofort loslegen.**

Kapitel 4 – Fortgeschritten: Prompt-Magie auf neuem Level

4.1 – Rollen definieren: Lass ChatGPT denken wie ein ...

Wie du deiner KI ein echtes Mindset gibst – und dadurch radikal bessere Antworten bekommst

---

Viele unterschätzen, **wie stark sich das Denken und Schreiben der KI verändert**, wenn du ihr eine Rolle gibst.
Denn: ChatGPT passt sich sprachlich, argumentativ und methodisch **der Figur an, die du vorgibst**. Ein Texter denkt anders als ein Coach. Ein Psychologe fragt anders als ein Vertriebler.

Mit Rollen kannst du:

- den Tonfall steuern,

- die Tiefe beeinflussen,

- Fachwissen simulieren,

- unterschiedliche Perspektiven einnehmen lassen,

- oder sogar **dein eigenes Zukunfts-Ich** sprechen lassen.

Die folgenden Prompts sind **nicht von der Stange** – sie funktionieren **komplex, strategisch und auf hohem Niveau**.

1. Prompt: Der Zukunfts-Ich-Ratgeber

„Tu so, als wärst du mein Zukunfts-Ich in 5 Jahren – erfolgreich, ruhig, klar. Gib mir 3 ehrliche Gedanken zu meinem aktuellen Problem, und einen Satz, den ich mir heute jeden Tag sagen sollte."

Warum er wirkt:
Du sprichst nicht mit einer KI – du sprichst mit deinem **emotional reifen Selbst**. Ideal für Coaching, Entscheidungen, Reflexion.

---

2. Prompt: Das multidisziplinäre Beraterteam

„Du bist ein Expertenteam: Marketing-Profi, UX-Designer, Business-Coach. Beurteile meinen Landingpage-Text aus diesen drei Blickwinkeln – mit je zwei konkreten Verbesserungsvorschlägen."

Warum er wirkt:
Du bekommst **gebündeltes Expertenwissen**, perfekt strukturiert. Ein echter Hebel, besonders für Solopreneure.

---

3. Prompt: Der innere Kritiker – transformiert

„Übernimm die Rolle meines inneren Kritikers. Sag mir in 3 Sätzen, was dich gerade zweifeln lässt. Danach: Wechsel in die Rolle meines Coachs und gib mir eine klärende, stärkende Antwort."

Warum er wirkt:
Ein Dialog zwischen zwei inneren Stimmen – **für tiefe, emotionale Einsichten.**

---

4. Prompt: Die Oma mit Lebenserfahrung

„Sprich zu mir wie eine 82-jährige Großmutter, die viel erlebt hat – herzlich, klar, ohne Blabla. Was würdest du mir über das Thema XY sagen?"

Warum er wirkt:
Manche Themen brauchen **Wärme und Direktheit**, nicht Business-Ton. Dieser Prompt liefert genau das.

---

5. Prompt: Die radikal ehrliche Texterin

„Tu so, als wärst du meine persönliche Copywriterin – spezialisiert auf provokanten, ehrlichen Tonfall. Gib mir 5 Hook-Ideen für einen Social-Media-Post, die man so noch nicht gelesen hat."

Warum er wirkt:
Du bekommst keine weichgespülten Sätze, sondern **kreative Aussagen mit Kante.**

---

6. Prompt: Der gewaltfreie Kommunikationstrainer

„Sprich wie ein Trainer für gewaltfreie Kommunikation. Formuliere diesen Satz (einfügen) um, sodass er Klarheit vermittelt, aber niemanden verletzt."

Warum er wirkt:
Ideal für Konfliktgespräche, sensible Themen oder wertschätzende Kommunikation. **Ein Sprach-Upgrade für zwischenmenschliche Reife.**

---

7. Prompt: Der Kinderpsychologe

„Du bist ein erfahrener Kinderpsychologe. Hilf mir, meinem 6-jährigen Sohn zu erklären, warum man anderen nicht weh tut – liebevoll, aber mit klarer Botschaft."

Warum er wirkt:
Der Ton ist **altersgerecht, emotional intelligent und pädagogisch fundiert** – ohne Fachchinesisch.

---

8. Prompt: Die Biografieversteherin

„Sprich wie eine einfühlsame Biografie-Autorin. Lies meine Geschichte (Text einfügen) und sag mir: Was ist das Thema hinter meinem Leben? Was zieht sich durch?"

Warum er wirkt:
Du bekommst tiefe Einsichten aus deinem eigenen Leben – **wertvoll für Bücher, Branding, Coaching.**

---

9. Prompt: Der strategische CEO-Coach

„Du bist mein CEO-Coach. Ich stecke gerade zwischen Skalierung und Überforderung. Welche 3 strategischen Fragen würdest du mir stellen, bevor du mir einen Rat gibst?"

Warum er wirkt:

Rollen geben Tiefe. Hier bekommst du **reflektierte Führung statt Aktionismus.**

---

10. Prompt: Der systemische Berater

„Sprich wie ein systemischer Coach. Ich beschreibe dir meine Situation – bitte stelle mir 3 Perspektivwechsel-Fragen, die mir neue Sichtweisen ermöglichen."

Warum er wirkt:

Für alle, die festhängen. Dieser Prompt bringt **Bewegung ins Denken** – ohne Lösung von außen.

Zusatz-Tipp: Kombiniere Rollen!

„Sprich wie eine Mischung aus Poetry-Slam-Texterin, Psychotherapeutin und rebellischer LinkedIn-Queen. Sag mir, wie ich diesen Text emotionaler, tiefer und unverwechselbarer machen kann."

Warum es funktioniert:

KI kann mehrere Stile gleichzeitig denken. Und dadurch **Texte, Strategien oder Erklärungen erschaffen, die es sonst nicht gibt.**

Fazit zu 4.1:

- Rollen sind der **Gamechanger fürs Denken der KI**.

- Je klarer du sie vorgibst, desto mehr bekommst du: Tiefe, Stil, Haltung.

- Nutze sie für Texte, Gespräche, Reflexion, Konfliktlösung, kreative Projekte – **oder sogar für deine eigene Weiterentwicklung.**

4.2 – Mehrstufige Prompts & Schleifen: Wie du komplexe Prozesse steuerst

Strategisch denken lassen, in Etappen lösen, Qualität kontrollieren – mit Methodik statt Zufall

---

Die meisten Menschen nutzen ChatGPT, als wäre es ein Google-Ersatz: Frage rein, Antwort raus.

Aber Profis wissen: **Die Magie entsteht, wenn du die KI Schritt für Schritt führst.** Wie ein Gesprächspartner, ein Denkpartner, ein Strategieteam.

In diesem Kapitel lernst du:

- wie du Prompts **in Stufen aufbaust**,

- wie du mit **Schleifen** die Qualität verbesserst,

- und wie du die KI **strategisch anleitest, sich selbst zu korrigieren, zu erweitern und zu reflektieren.**

Diese Technik wird in der Praxis fast nie genutzt – obwohl sie das Beste aus der KI herausholt.

---

1. Prompt: Der „Denke zuerst, bevor du schreibst"-Prozess

„Bitte beantworte meine Frage nicht sofort. Erstelle zuerst eine Liste von 3 möglichen Antwortstrategien (z. B. kreativ, rational, emotional). Entscheide dich dann selbst für die sinnvollste – und antworte erst dann."

Warum er wirkt:

Die KI **wählt aktiv ihren Denkweg** – du bekommst durchdachte Antworten statt Zufall.

---

2. Prompt: Der „Ich prüfe deine Antwort"-Schleifenprompt

„Bitte beantworte folgende Frage. Danach: Bewerte deine eigene Antwort kritisch – was ist gut, was fehlt, wo könnte man tiefer gehen? Überarbeite sie dann in Version 2.0."

Warum er wirkt:

Die KI wird zur eigenen Qualitätskontrolle – **du bekommst ein besseres Endergebnis durch Selbstreflexion.**

---

3. Prompt: Der Etappen-Coach für große Vorhaben

„Ich möchte ein digitales Produkt entwickeln. Bitte leite mich durch 5 Etappen: 1) Zielgruppe definieren, 2) Angebot formulieren, 3) Positionierung, 4) Launchstrategie, 5) Kundenbindung. Stelle mir zu jedem Schritt zuerst 3 Fragen, bevor du antwortest."

Warum er wirkt:

Du erhältst **prozessgesteuertes Co-Thinking**, statt einfach nur Content. Ideal für Gründer*innen & Strateg*innen.

---

4. Prompt: Der Strategie-Rückwärts-Prompt

„Ich möchte Ziel XY erreichen. Bitte arbeite rückwärts: Welche letzte Handlung müsste ich tun? Welche davor? Und davor? Entwickle eine umgekehrte Schritt-für-Schritt-Anleitung."

Warum er wirkt:
Rückwärtsdenken eröffnet neue Sichtweisen. Die KI **bricht komplexe Ziele in logische Meilensteine herunter.**

---

5. Prompt: Der Prüfstand-Builder

„Hier ist mein Vorschlag (Text einfügen). Bitte stelle 5 kritische Fragen, die ein skeptisches Publikum stellen würde. Danach: Überarbeite meinen Vorschlag so, dass er alle Einwände berücksichtigt."

Warum er wirkt:
Du trainierst **robuste Argumentation und Klarheit** – perfekt für Pitches, Launches oder Angebote.

---

6. Prompt: Der Redesign-Prozess

„Hier ist mein Text. Bitte: 1) erkenne die Hauptaussage, 2) analysiere den Ton, 3) überarbeite den Text für eine andere Zielgruppe, 4) gib eine kurze Erklärung für die Änderungen."

Warum er wirkt:
Du lernst aus der **Transformation deiner eigenen Inhalte** – besser als jeder Rhetorikkurs.

7. Prompt: Der Doppelperspektiv-Dialog

„Beantworte meine Frage zweimal: einmal als motivierende Führungskraft, einmal als vorsichtiger Skeptiker. Danach: Fasse beide Perspektiven zusammen in eine ausbalancierte Antwort."

Warum er wirkt:

Du bekommst **Polarisierung und Integration in einem Prompt** – selten genutzt, aber unglaublich wirkungsvoll.

---

8. Prompt: Der progressive Komplexitäts-Prompt

„Erkläre mir Thema XY in 3 Stufen: 1) wie für ein Kind, 2) wie für eine neugierige Laienperson, 3) wie für ein Fachpublikum. Baue Wissen auf, ohne zu wiederholen."

Warum er wirkt:

Du bekommst **tiefes Verständnis durch intelligente Steigerung der Komplexität**. Genial für Lernen, Lehre, Content-Aufbau.

---

9. Prompt: Der Nachfass-Schleifenprompt

„Erstelle eine erste Version dieser Social-Media-Bio. Danach: Finde selbst 3 Schwächen. Überarbeite sie. Dann schlage mir 3 Alternativen vor, die kreativer sind."

Warum er wirkt:

Perfekt für Texte, bei denen **Details und Varianten den Unterschied machen.** Du wirst zur Redaktion, nicht zum Redakteur.

10. Prompt: Der Mini-Sprint-Coach

„Ich möchte in 30 Minuten ein Thema klären. Bitte leite mich in 5 Minuten-Schritten durch: Ziel, Fragen, Prioritäten, Handlung, Reflexion. Gib mir zu jeder Etappe eine klare Aufgabe."

Warum er wirkt:
Ein kompletter Denk- und Entscheidungssprint – **geführt, fokussiert und abgeschlossen in unter einer Stunde.**

Profi-Hinweis: Du kannst auch Prompt-Ketten kombinieren:

Ein Beispiel:

1. „Bitte gib mir eine Rohfassung meines Angebots."

2. „Jetzt prüfe sie mit dem inneren Kritiker."

3. „Jetzt optimiere sie wie ein Copywriting-Profi."

4. „Jetzt schreibe sie wie ein LinkedIn-Viraltext."

5. „Jetzt kürze sie auf 200 Zeichen für Instagram."

So entsteht aus einem Gedanken ein Funnel an Qualität.

Fazit zu 4.2:

- Mehrstufiges Prompting macht aus der KI **einen strukturierten Denkpartner**, nicht nur einen Ideengeber.

- Du bekommst **nicht nur mehr, sondern Besseres**: durch Selbstprüfung, Perspektivwechsel und klare Etappen.

- Wer so arbeitet, nutzt **die volle kognitive Tiefe** der KI – statt auf Glück zu hoffen.

4.3 – Prompts kombinieren: Der Trick der Profis?

So baust du Multi-Funktions-Prompts, die Stil, Inhalt, Ziel und Wirkung gleichzeitig abdecken

---

Viele Prompts liefern nur dann gute Ergebnisse, wenn du vorher weißt, **was du brauchst, für wen, in welcher Sprache, welchem Stil und welchem Ziel.**
Profis kombinieren all das in einem einzigen Prompt – und bekommen Texte, Ideen, Strategien oder Konzepte, die direkt **verwendbar, wirksam und sogar einzigartig sind.**

Hier zeige ich dir **die besten Kombinationstechniken** – samt konkreter, sofort einsetzbarer Super-Prompts.

---

1. Prompt: Der 5-in-1-Content-Master

*„Erstelle mir einen Instagram-Post zum Thema 'Mental Load bei Müttern', der…

1. eine emotionale Hook enthält,

2. das Thema erklärt,

3. ein Beispiel aus dem Alltag bringt,

4. zum Austausch aufruft,

5. und sprachlich empathisch, modern und persönlich klingt."*

Warum er wirkt:

Du bekommst kein Sammelsurium, sondern einen **stringenten, wirksamen Post mit Story, Substanz und Stil** – auf den Punkt.

---

2. Prompt: Der Positionierungs-Kombiprompt

*„Formuliere meinen Angebots-Text so, dass er …

- meine Zielgruppe emotional erreicht,

- den Nutzen konkret macht,

- Vertrauen aufbaut,

- und sich vom Wettbewerb abhebt –
  … bitte in maximal 5 Sätzen, im Ton: kraftvoll, menschlich, nicht überladen."*

Warum er wirkt:

Hier passiert strategisches Personal Branding in Echtzeit – **perfekt für Websites, Produkttexte oder Postings.**

---

3. Prompt: Der „Zielgruppe + Ton + Format"-Prompt

*„Erkläre mir das Thema XY so,

- dass es ein 16-jähriger TikTok-Nutzer versteht,

- in maximal 150 Zeichen,

- mit einem Augenzwinkern,

- und am Ende einen überraschenden Vergleich enthält."*

Warum er wirkt:
Du steuerst **Format, Ton, Zielgruppe und Wirkung** mit nur einem Satz – wie ein Regisseur.

---

4. Prompt: Der 3-Ebenen-Coaching-Prompt

*„Ich habe diesen inneren Glaubenssatz: ‚Ich bin nicht gut genug.' Bitte …

- analysiere, was dahinterstecken könnte,

- gib mir ein kraftvolles Reframing,

- und zeige mir einen praktischen Mini-Schritt, um den neuen Satz im Alltag zu verankern."*

Warum er wirkt:
Du bekommst keine Plattitüden, sondern **emotional durchdachte, therapeutisch inspirierte Arbeit auf drei Ebenen.**

---

5. Prompt: Der Problem-Lösungs-Verwandlungs-Prompt

*„Hier ist eine Beschwerde, die ich erhalten habe (Text einfügen). Bitte hilf mir, daraus …

- ein empathisches Verständnis-Statement,

- eine souveräne Antwort,

- und ein öffentlich nutzbares Lernstatement zu machen."*

Warum er wirkt:

Aus einem Problem werden **Verbindung, Reaktion und Reputation** – in einem Prompt.

---

6. Prompt: Der Cross-Media-Content-Creator

*„Nimm diesen Blogbeitrag. Erstelle daraus …

- eine Instagram-Bildunterschrift,

- einen LinkedIn-Eröffnungssatz,

- ein TikTok-Skript (max. 30 Sekunden),

- und eine Podcast-Einleitung im Stil: locker, smart, persönlich."*

Warum er wirkt:

Du verwandelst **ein Format in viele – sofort.** Kein Copy-Paste, sondern kreativer Transfer.

---

7. Prompt: Der Selbstkorrektur-Kombiprompt

*„Erstelle einen Vorschlag für meine Über-mich-Seite. Danach:

1. markiere alle Phrasen,

2. ersetze sie durch konkret-emotionale Aussagen,

3. gib mir eine Version für introvertierte Leser*innen,

4. und eine zweite für extrovertierte."*

Warum er wirkt:
Ein kompletter **Test, Feinschliff und Zielgruppenabgleich** –
besser als jede Werbeagentur.

---

8. Prompt: Der Dramaturgie-Prompt

*„Schreibe eine Mini-Story (max. 100 Wörter), die:

- mit einem inneren Konflikt beginnt,

- einen kleinen Wendepunkt zeigt,

- in einer persönlichen Erkenntnis endet –
  … im Stil: poetisch, echt, ohne Kitsch."*

Warum er wirkt:
So entstehen Posts, Buchszenen oder Vortragsmomente, die
emotional und dramaturgisch perfekt abgestimmt sind.

---

9. Prompt: Der Stilwechsler mit Wirkungstest

*„Hier ist mein Text.

1. Bitte schreibe ihn in 3 neuen Stilen: humorvoll, sachlich,
   provokant.

2. Danach: Erkläre mir, was sich an Wirkung, Ton und
   Zielgruppenansprache verändert."*

Warum er wirkt:
Du bekommst nicht nur Varianten – **du lernst dabei, wie
Sprache wirkt.**

10. Prompt: Der Szenen-Multiplikator

*„Ich will aus einer Alltagsszene Content machen. Bitte entwickle daraus:

- einen Storytelling-Post mit Moral,

- einen Karussellpost mit Tipps,

- eine Metapher für mein Business,

- und eine Frage an meine Community."*

Warum er wirkt:
Aus Alltag wird Marke. Und du brauchst nur eine Beobachtung, um ein Content-Feuerwerk zu zünden.

Fazit zu 4.3:

- Kombinierte Prompts sind **die Königsklasse im Prompting**: Du steuerst Stil, Tiefe, Wirkung und Format gleichzeitig.

- Sie sparen Zeit, liefern sofort bessere Ergebnisse und **machen aus der KI einen echten Profi-Assistenten.**

- Wenn du nur eine Technik aus diesem Buch dauerhaft nutzt: **Nimm diese.**

4.4 – KI + andere Tools: Canva, Notion, Excel, Bild-KI & Co. clever vernetzen

So baust du smarte Systeme mit KI als Herzstück – statt Einzellösungen

---

Viele Nutzer*innen sehen KI als Einzeltalent. Doch ihre volle Kraft zeigt sie erst, **wenn du sie mit anderen Tools verbindest.** In diesem Kapitel lernst du, wie du mit wenigen Prompts ganze Workflows steuerst – z. B. für Content-Erstellung, Projektplanung, Visualisierung, Automatisierung oder Organisation.

Hier sind **15 Power-Prompts**, die du direkt in Verbindung mit anderen Apps nutzen kannst – **effizient, strategisch, smart.**

---

1. Prompt: Der Canva-KI-Workflow für Reels

„Erstelle mir ein Reels-Skript zum Thema XY. Teile es in: 1 Hook-Satz, 2 Hauptaussagen, 1 Schlussimpuls. Gib mir danach eine Vorschau für ein Canva-Reel-Layout mit Texteinblendungen."

Tool-Verbindung:
Nutze das Skript sofort in Canva-Reels-Vorlagen – der KI-Text passt **perfekt in die Textboxen & Bildkompositionen.**

2. Prompt: Der Notion-Projektstarter

„Ich plane einen Produkt-Launch. Bitte gib mir eine Projektstruktur mit Aufgaben, Zuständigkeiten, Prioritäten und Zeitrahmen – ideal als Notion-Board umsetzbar."

Tool-Verbindung:
Einfügen in Notion als **Kartenstruktur oder Datenbank** – perfekte Übersicht für Planung und Teamarbeit.

3. Prompt: Der Excel-Formel-Coach

„Ich möchte in Excel eine automatische Summe aller Werte berechnen, die mit 'A' beginnen – bitte gib mir die Formel, erkläre sie und zeige mir eine Beispielzeile."

Tool-Verbindung:
Nie wieder Formelfrust: Die KI erklärt dir Excel **genau in deinem Kenntnisstand.**

4. Prompt: Der DALL·E-Bildgenerator mit Texthilfe

„Gib mir einen kreativen Prompt für DALL·E, um ein Titelbild zu erzeugen: Thema 'Selbstführung', Stil: minimalistisch, Farbe: monochrom, Inhalt: metaphorisch."

Tool-Verbindung:
Sofort verwendbar für Midjourney, Ideogram, DALL·E – ideal für Buchcover, Posts, Visual Statements.

5. Prompt: Der Social-Template-Füller

*„Hier ist mein Wochenfokus (z. B. 'Grenzen setzen lernen').
Erstelle mir dazu 5 Textbausteine für verschiedene Canva-Post-
Formate: Zitat-Post, Mini-Tipp, Aha-Moment, Community-Frage,
Reminder."*

Tool-Verbindung:
Baue ein ganzes Karussell oder Wochenplan direkt in Canva –
ohne weitere Planung.

---

6. Prompt: Der To-do-Manager für ClickUp/Asana

*„Ich habe folgende Aufgaben (Stichpunkte einfügen). Bitte
strukturiere sie in ein Projekt mit Phasen, Deadlines und
Priorität. Format: bereit für ClickUp oder Asana."*

Tool-Verbindung:
Importierbar als Aufgabenstruktur – spart dir Stunden.

---

7. Prompt: Der Content-to-Newsletter-Connector

*„Nimm diesen Instagram-Post. Verwandle ihn in einen
Newsletter-Text mit Einleitung, Mehrwert, Call-to-Action – im
Ton: freundlich, kompetent, persönlich."*

Tool-Verbindung:
Direkt nutzbar in Tools wie MailerLite, Mailchimp oder
ConvertKit.

8. Prompt: Der Zapier-Automation-Denker

„Ich will, dass neue Kunden automatisch in meine Mail-Liste kommen, ein Willkommens-PDF erhalten und ein Trello-Board erstellt wird. Bitte gib mir die 3 Schritte in Zapier – inkl. Trigger und Actions."

Tool-Verbindung:
Du bekommst **eine komplette Automation-Logik**, die du nur noch nachbaust.

---

9. Prompt: Der Tagging-System-Generator

„Erstelle ein Tagging-System für meine Notion-Wissensdatenbank zum Thema 'Selbstständigkeit & Mindset'. Gib mir 10 Tags, je mit Beschreibung & Zuordnungskriterien."

Tool-Verbindung:
Perfekt für **strukturierte Wissensorganisation** in Notion, Obsidian, Evernote.

---

10. Prompt: Der Social-Media-Multiplikator

„Ausgehend von diesem Blogartikel:

1. Erstelle 3 Karussell-Post-Ideen für Instagram,

2. einen One-Liner für X (Twitter),

3. eine Diskussionsfrage für Threads,

4. und ein Zitatbild für Pinterest – bitte jeweils mit Designvorschlag für Canva."*

Tool-Verbindung:
Du baust **Cross-Plattform-Content aus einem Stück – visuell & textlich synchronisiert.**

---

11. Prompt: Der Board-Konverter für Miro oder Whiteboards

„Erstelle eine Brainstorming-Tafelstruktur zum Thema XY – mit 3 Hauptbereichen, je 5 Unterpunkten – ideal für Miro oder Conceptboard."

Tool-Verbindung:
Einfach übertragen, visuell weiterarbeiten – **perfekt für Workshops & Denkprozesse.**

---

12. Prompt: Der Funnel-Flow-Builder für Figma oder Canva-Websites

„Erstelle einen strukturierten Aufbau für eine Landingpage zum Thema XY – mit Headline, Subheadline, Sections, CTA, Testimonials – Format: Wireframe-kompatibel für Figma oder Canva-Webseite."

Tool-Verbindung:
Text & Struktur für **visuelles Webdesign in einem Prompt –** bereit zum Layouten.

---

13. Prompt: Der Kundenfrage-Analyst

„Hier sind 10 typische Kundenfragen. Bitte sortiere sie in: 'FAQ', 'Content-Idee', 'Produktoptimierung' und gib je einen Vorschlag,

wie ich sie beantworten kann – Format bereit für Notion oder
Google Sheets."

Tool-Verbindung:
Top für Support, Produktentwicklung und Marketing – **alles aus realen Fragen abgeleitet.**

---

14. Prompt: Der Medienbibliothek-Organisator

„Hilf mir, meine Dateien zu sortieren. Kategorien: Content,
Projekte, Buchhaltung, Bilder. Gib mir Ordnernamen, Regeln,
Ablageorte – bereit zur Umsetzung in Google Drive oder
Dropbox."

Tool-Verbindung:
Du bekommst endlich Ordnung im digitalen Raum –
strukturiert, durchdacht, nachhaltig.

---

15. Prompt: Der Journaling-Verknüpfer

„Ich nutze täglich digitales Journaling. Bitte erstelle mir ein
Template für: Tagesrückblick, Mindset, Fokus, Reflexion – als
Format für Notion oder Apple Notes."

Tool-Verbindung:
Ideal für Selbstführung – **eine Vorlage, die du täglich nutzen kannst.**

Fazit zu 4.4:

- KI wird mächtig, wenn du sie **nicht als Antwortgeber, sondern als Taktgeber in deinen Tools** nutzt.

- Mit diesen Prompts kannst du Canva, Notion, Excel & Co. **in ein funktionierendes System integrieren**, das dich produktiver, klarer und kreativer macht.

- Das ist der Unterschied zwischen Einzelklick und echter **Workflow-Magie**.

Kapitel 5 – Grenzen, Gefahren & Zukunft

Was du über KI wissen musst, um frei und selbstbestimmt damit zu arbeiten

---

Künstliche Intelligenz ist nicht nur ein Werkzeug.
Sie ist ein Spiegel unserer Werte, ein Verstärker unserer Muster – und in manchen Bereichen eine echte Grauzone.

Dieses Kapitel zeigt dir:

- **wo KI an ihre Grenzen stößt**,

- **welche Risiken du kennen solltest**,

- **wie du mit Fake-Inhalten umgehst**,

- und vor allem:
  wie du die Kontrolle behältst, während du die Macht der KI nutzt.

Kein Angstmachen – sondern **ein nüchterner, reflektierter Blick auf Chancen und Verantwortung.**

5.1 – Wo KI heute endet – und wo du übernehmen musst

KI kann viel.
Aber sie kann nicht:

- eigenständig denken,

- moralisch abwägen,

- Intuition ersetzen,

- oder echte Verantwortung übernehmen.

Grenzen in der Praxis:

- KI kann schreiben – aber **sie spürt keine Wirkung.**

- KI kann beraten – aber **sie kennt deine Geschichte nicht.**

- KI kann inspirieren – aber **sie trägt nicht die Konsequenz.**

Dein Job bleibt es, zu fühlen, zu bewerten und zu entscheiden.

5.2 – Fake-Inhalte, Deepfakes & Co. erkennen

Je besser KI wird, desto schwieriger wird es, Wahrheit von Täuschung zu unterscheiden.

Worauf du achten solltest:

- Bilder, die zu perfekt wirken (Symmetrie, Hände, Haut)

- Zitate, die nie überprüft wurden

- Quellen, die nicht existieren

- Meinungen, die als Fakten getarnt sind

Gegenmittel:

- Rückwärtssuche bei Bildern

- Faktencheck-Websites (z. B. Correctiv)

- Tools wie **AI Content Detector**, um KI-generierte Texte zu erkennen

- Eigene Intuition schärfen: *„Wem nützt es, dass ich das glaube?"*

5.3 – Die Zukunft der Arbeit mit KI

Viele fragen sich: *Wird KI meinen Job übernehmen?*
Die ehrlichere Frage ist:

Wird jemand mit KI deinen Job besser machen als du – ohne KI?

Berufe verändern sich.
Aber: Wer KI **als Denkverstärker** nutzt, bleibt relevant.

Beispiele für zukunftssichere Kompetenzen:

- Menschliche Kommunikation

- Empathie, Intuition, Präsenz

- Interdisziplinäres Denken

- Kritisches Hinterfragen von Quellen

- Ethik & Verantwortung

5.4 – Wie du KI nutzt, ohne dich abhängig zu machen

KI kann süchtig machen.

Warum? Weil sie schnell ist. Weil sie immer da ist. Weil sie nie widerspricht.

Doch genau das ist die Gefahr.

Anzeichen für zu viel KI-Abhängigkeit:

- Du kannst kaum noch selbst formulieren

- Du verlierst dein Gefühl für deine eigene Sprache

- Du bist nur noch im „Prompt-Modus", aber nicht mehr im Denkmodus

Gegenmittel:

- Promptfreie Tage einbauen

- Selbst wieder schreiben, reflektieren, skizzieren

- KI als *Mentor auf Augenhöhe* betrachten, nicht als *Mastermind*

Die Regel lautet: **Nicht KI als Krücke nutzen. Sondern als Spiegel.**

Fazit von Kapitel 5:

- KI ist mächtig – aber nur so gesund und weise wie die Person, die sie nutzt.

- Sie kann dein Denken erweitern – oder vernebeln. Sie kann dir helfen – oder dich entmündigen.

- Der Unterschied liegt nicht im Tool. **Sondern in deinem Bewusstsein.**

Nutze KI mit Verstand, Gefühl und Verantwortung.
Dann wird sie nicht deine Gegnerin –
sondern deine größte **kreative Partnerin.**

Bonus & Extras

7-Tage-Prompt-Trainingsplan

Tag 1 – Grundlagen

Frage ChatGPT: „Was musst du über mich wissen, um mir besser helfen zu können?"

- Custom Instructions einrichten

Tag 2 – Text verbessern

Lass einen alten Text von dir analysieren + überarbeiten + erklären, was verbessert wurde

Tag 3 – Persönlicher Stil

Füttere ChatGPT mit einem typischen Text von dir (z. B. E-Mail, Post)

- bitte es, in deinem Stil neue Inhalte zu schreiben

Tag 4 – Ideen generieren

Erstelle 10 Ideen zu einem Thema deiner Wahl

- bitte ChatGPT, diese zu gruppieren, priorisieren und neu zu kombinieren

Tag 5 – Struktur schaffen

Gib ein Thema in Stichwortform ein

- lass daraus eine Gliederung und passende Überschriften erstellen

Tag 6 – Zielgruppe treffen

Bitte ChatGPT, denselben Text für drei Zielgruppen umzuschreiben

(z. B. Kinder, Profis, Eltern)

Tag 7 – Prompt-Magie kombinieren

Formuliere einen komplexen Prompt mit:

Ziel + Stil + Format + Ton + Zielgruppe

- bitte ChatGPT um drei Varianten und deren Optimierung

Glossar – Die wichtigsten Begriffe einfach erklärt

Prompt
Eine Anweisung oder Frage, mit der du die KI steuerst.

Custom Instructions
Individuelle Einstellungen, mit denen du ChatGPT auf deine Wünsche ausrichtest (z. B. bevorzugter Stil, Zielgruppe, Ton).

Token
Einheiten, aus denen Texte bestehen – ein Wort = ca. 1–3 Tokens. Entscheidend für Antwortlänge und Rechenleistung.

Model
Das zugrunde liegende KI-Modell, z. B. GPT-4. Je besser das Modell, desto tiefer und präziser die Antworten.

Output-Format
Die gewünschte Form der Antwort: z. B. Liste, Tabelle, Fließtext, Gliederung.

Rolle
Eine bestimmte Perspektive, die der KI zugewiesen wird (z. B. Coach, Texterin, Psychologin), um Stil und Denken zu beeinflussen.

Prompt-Schleife
Eine Technik, bei der sich die KI selbst überprüft, erweitert oder in mehreren Etappen denkt – für besonders gute Ergebnisse.

KI-Ethik

Der moralische Rahmen für den Einsatz von KI: Fairness, Transparenz, Verantwortung, Schutz vor Missbrauch.

Deepfake

Täuschend echte KI-generierte Bilder oder Videos, oft von Prominenten oder in gefährlichen Kontexten. Meist schwer zu erkennen.

LLM (Large Language Model)

Ein großes Sprachmodell – wie GPT-4 – das Milliarden von Textdaten verarbeitet hat und Grundlage für Tools wie ChatGPT ist.

Tool-Übersicht für Einsteiger – KI clever kombiniert

ChatGPT
Dein zentrales KI-Tool für Texte, Ideen, Planung, Struktur, Kreativität. Spricht wie ein Mensch, ist lernfähig und vielseitig.

DALL·E
Erstellt Bilder aus Textbeschreibungen. Perfekt für Cover, Social Media oder kreative Szenen.

Canva
Ein Design-Tool für alle: Posts, Präsentationen, E-Books. Besonders stark in Kombination mit KI-Texten und Bildprompts.

Notion
Dein digitales Gehirn: für Projektplanung, Journaling, Wissensspeicher oder Redaktionspläne. Lässt sich super mit KI-Inhalten füllen.

Zapier
Ein Tool zur Automatisierung: z. B. automatisiert eine Willkommens-Mail versenden, wenn jemand ein Produkt kauft.

Google Sheets
Für Contentpläne, Budgetlisten oder Datenerfassung – kombiniert mit KI ein echtes Organisationstalent.

Midjourney
Bild-KI mit Fokus auf kunstvolle, detailreiche Bilder. Ideal für Markenästhetik, Buchprojekte, visuelle Konzepte.

Mailerlite
Einsteigerfreundliches Tool für Newsletter & E-Mail-Marketing – perfekt, um KI-Texte automatisiert zu nutzen.

Trello

Visuelles Planungstool für Aufgaben, Content oder Projekte. KI liefert Inhalte, Trello strukturiert sie.

Miro

Virtuelles Whiteboard für Workshops, Brainstormings oder kreative Prozesse. Perfekt mit KI-generierten Ideen kombinierbar.

7 Denkfehler im Umgang mit KI (und wie du sie vermeidest)

1. „KI weiß alles."
Nein – sie gibt plausible Antworten, aber keine Garantie für Richtigkeit. Immer gegenprüfen.

2. „Ich darf keine Fehler machen, wenn ich prompten will."
Doch! KI ist lernfähig. **Je mehr du ausprobierst, desto besser wirst du.**

3. „Wenn ich KI nutze, betrüge ich."
Falsch. Du nutzt ein Werkzeug – wie ein Taschenrechner, nur fürs Denken.

4. „KI nimmt mir mein Gefühl für Sprache weg."
Nur wenn du sie ungefiltert nutzt. Wenn du *mit* **ihr arbeitest, lernst du sogar besser formulieren.**

5. „Ich muss alles selbst schreiben."
Nicht mehr. Du kannst KI nutzen, um Gedanken zu sortieren, Klarheit zu gewinnen und kreative Blockaden zu überwinden.

6. „KI ist kalt und unpersönlich."
Kommt darauf an, wie du mit ihr sprichst. Gute Prompts = gute Resonanz.

7. „Es ist zu spät, das zu lernen."
Falsch. Du bist genau richtig. KI ist noch jung – und du bist jetzt mittendrin.

10 Prompts, die dein Leben sofort leichter machen

1. Für mehr Klarheit:

„Fasse meine Gedanken in 3 Sätzen zusammen – was will ich wirklich?"

2. Für besseres Selbstgespräch:

„Ich denke: ,Ich bin nicht gut genug.' Bitte gib mir ein realistisches, stärkendes Gegennarrativ."

3. Für Wochenplanung:

„Erstelle einen realistischen Wochenplan mit 4 Hauptfokus-Blöcken – inkl. Pufferzeit."

4. Für Familienleben:

„Gib mir 5 liebevolle, aber klare Formulierungen, um meinem Kind ,Nein' zu sagen."

5. Für Entscheidungen:

„Bitte gib mir 3 Entscheidungstechniken, die ich auf Thema XY anwenden kann."

6. Für kreative Ideen:

„Gib mir 10 ungewöhnliche Business-Ideen für Mütter, die wenig Startkapital erfordern."

7. Für emotionale Entlastung:

„Formuliere einen Brief an mein überfordertes Ich – stärkend, ehrlich, ohne Kitsch."

8. Für Morgenmotivation:

„Gib mir einen Satz, der mir heute früh Mut macht – auf Augenhöhe, nicht wie ein Kalenderspruch.“

9. Für Ordnung:

„Erstelle einen 5-Tage-Minimalismus-Plan – täglich 20 Minuten, große Wirkung.“

10. Für mehr Leichtigkeit:

„Was kann ich heute weglassen, ohne dass mein Leben schlechter wird?“

5 KI-Fragen, die du dir regelmäßig stellen solltest

1. **Nutze ich die KI noch als Unterstützung – oder schon als Ausrede, nicht selbst zu denken?**

2. **Wo kann ich mich durch KI entlasten, ohne meine Persönlichkeit zu verlieren?**

3. **Wie kann ich mit KI arbeiten, ohne meine Stimme, meine Werte, mein Gefühl zu verlieren?**

4. **Welche Aufgaben rauben mir Zeit und Energie – und könnten von KI übernommen oder vorbereitet werden?**

5. **Wo nutze ich KI bisher gar nicht – obwohl sie mir helfen könnte?**

Reflexion ist das wahre Upgrade. Nicht die Technik. Nutze KI als Spiegel – nicht als Ersatz.

Schlusswort – Deine Zukunft beginnt jetzt

Künstliche Intelligenz ist nicht die Zukunft.
Sie ist längst Gegenwart.

Sie wird unsere Arbeit verändern.
Unser Lernen.
Unsere Kommunikation.
Unsere Entscheidungen.
Und – wenn wir es richtig anstellen – sogar unsere
Lebensqualität.

Du hast in diesem Buch gesehen, wie KI dich unterstützen kann:
beim Denken, beim Strukturieren, beim Fühlen, beim
Verstehen.
Aber sie ersetzt dich nicht.
Sie **verstärkt dich.**

Viele Menschen fühlen sich überfordert oder sogar bedroht.
Das ist verständlich – Veränderung war noch nie bequem.
Aber der größte Fehler, den wir machen können, ist:
KI abzustoßen, statt sie zu verstehen.

Denn die Frage ist nicht:

„Wird KI mich ersetzen?"

Sondern:

„Wird jemand mit KI besser sein als ich ohne?"

Lerne, wie du mit ihr sprichst.
Wie du sie nutzt.
Wie du sie führst – statt von ihr geführt zu werden.

Mach sie zu deinem Werkzeug.
Zu deinem Assistenten.
Vielleicht sogar zu deinem kreativen Partner.

Denn wer heute mit KI umgehen kann,
hat morgen einen unfairen Vorteil – im besten Sinne.

Dieses Buch war nur der Anfang.
Jetzt bist du dran.

Nutze, was du gelernt hast.
Spiele. Teste. Fordere heraus.
Und vor allem: **Vergiss nie, dass die beste KI der Welt dich nicht ersetzen kann.**

Denn sie hat keine Seele.
Keine Intuition.
Kein Herz.

Aber du hast all das.
Und jetzt – **hast du auch KI.**

Mach was draus.